D1673185

Demo, Derrick, Discofieber

Die siebziger Jahre in der Bundesrepublik

Herausgegeben von
Siegfried Müller und Michael Reinbold

Demo, Derrick, Discofieber

Die siebziger Jahre in der Bundesrepublik

MICHAEL IMHOF VERLAG

INHALT

Zeitschrift für Fraue von Frauen

Die siebziger Jahre in der Bundesrepublik – Profil einer Epoche

Die Politik der siebziger Jahre wurde geprägt durch die sozialliberale Koalition aus SPD und FDP. Sie hatte 1969 die seit 1949 führenden Unionsparteien CDU und CSU in der Regierungsverantwortung abgelöst. Mit ihrem Slogan „Mehr Demokratie wagen" stand sie für eine neue Gesellschaftspolitik, die sich aber auch mit aus den sechziger Jahren übernommenen Konflikten auseinanderzusetzen hatte. Die Innenpolitik war zum einen bestimmt von den Herausforderungen durch den Terrorismus der Ende der sechziger Jahre aus der Protestbewegung entstandenen „Rote Armee Fraktion" (RAF) sowie ihrer Nachfolge-Organisationen, der „Bewegung 2. Juni" und der „Revolutionären Zellen". Führende Köpfe der RAF waren Andreas Baader, Gudrun Ensslin und Ulrike Meinhof. Anders als viele 68er plädierten sie nicht für den „Marsch durch die Institutionen", sondern hielten die Bundesrepublik mit ihren Anschlägen jahrelang in Atem. Trauriger Höhepunkt war der „Deutsche Herbst" des Jahres 1977 mit der Ermordung des Generalbundesanwalts Siegfried Buback, des Vorstandsvorsitzenden der Deutschen Bank Jürgen Ponto und des Arbeitgeberpräsidenten Hanns Martin Schleyer sowie mit der Entführung der Lufthansa-Maschine „Landshut", deren Insassen schließlich von der Antiterroreinheit GSG 9 befreit wurden (vgl. Kapitel „Protest auf allen Ebenen, oder: ,Wer sich nicht wehrt, lebt verkehrt'."). Zum anderen war die Innenpolitik von Reformen geprägt, vor allem in den Bereichen Bildung, Umweltschutz und Rechtswesen. Sie hatten ihre Wurzeln in der Aufbruchstimmung der sechziger Jahre. Schule und Universität erlebten in der ersten Hälfte der siebziger Jahre vor dem Hintergrund der in den sechziger Jahren propagierten Schaffung von „Chancengleichheit" eine gewaltige Bildungsexpansion (vgl. Kapitel „Schule und Bildung"). Auch im Umweltschutz engagierte sich der Bund gesetzgeberisch: Von 1971 bis 1977 erließ er u.a. ein Fluglärmgesetz, ein Benzin-Blei-Gesetz, Abfallbeseitigungs-, Bundesimmissionsschutz-, Umweltstatistik- und Energieeinsparungsgesetz, Bundeswald-, Abwasserabgaben- und Wasserhaushaltsgesetz sowie eine Wärmeschutzverordnung, die erstmals Grenzwerte für Wärmeverluste an Gebäuden definierte. Ab 1975 war das neue Ziel des Strafvollzugs die Resozialisierung des Täters. Umgestaltungen gab es auch im Familienrecht, das die Stellung der Frau stärkte. Zudem wurde das Volljährigkeitsalter von 21 auf 18 Jahre herabgesetzt. Das Betriebsverfassungsgesetz vom 18. Januar 1972 gab den Arbeitnehmern mehr Mitwirkungs- und Mitbestimmungsrechte im Betrieb.

In der Außenpolitik setzte Willy Brandt mit seiner Ostpolitik („Wandel durch Annäherung") neue Akzente: 1970 und 1973 schloss die Bundesregierung vor dem Hintergrund internationaler Entspannungspolitik Gewaltverzichtsverträge mit der UdSSR, Polen und der Tschechoslowakei ab. Auch der Verzicht auf die ehemaligen Ostgebiete zugunsten Polens machte deutlich, dass die Brandt-Regierung die nach dem Zweiten Weltkrieg in Europa entstandenen Realitäten anerkannte. Zugleich strebte sie mit dem Grundlagenvertrag vom 21. Dezember 1972 eine Normalisierung des Verhältnisses zur DDR mit dem Ziel menschlicher Erleichterungen im Transit-verkehr an, ohne die DDR völkerrechtlich anzuerkennen. Ein Jahr später nahmen die Vereinten Nationen beide Staaten in ihre Gemeinschaft auf. 1974 wurden in Bonn und Ostberlin Ständige Vertretungen eingerichtet.

In den siebziger Jahren entstand ein neues Umweltbewusstsein, das die Nachhaltigkeit und den Schutz von Natur und Umwelt propagierte, ohne allerdings eine tiefgreifende Ökologisierung der Gesellschaft zur Folge zu haben. Vor allem die Ölkrise 1973 – die Organisation erdölexportierender Länder (OPEC) kürzte als Strafe für die Unterstützung Israels durch den Westen die Öllieferungen und erhöhte ihre Rohölpreise – führte den Industrienationen deutlich ihre Abhängigkeit und die Begrenztheit der natürlichen Ressourcen vor Augen. Die Bundesregierung verhängte im November und Dezember 1973 jeweils

Ölkrise, Sonntags-fahrverbot. Leere Auto-bahn bei Kamen 1973

playmobil-Figuren, 1974

zwei sonntägliche Fahrverbote. Der Energieverbrauch entwickelte sich auch in den folgenden Jahren zu einem wichtigen Thema der Tagespolitik. Verstärkt wandten sich die Autokonstrukteure der Aerodynamik zu, um durch verbesserte Autoformen und Gewichtreduzierung den Energieverbrauch zu senken. 1974 kam nach langer Zeit wieder ein Kleinwagen auf den Markt, der Audi 50 mit Frontantrieb und Heckklappe. Er war das Vorbild für die späteren VW- und Audi-Modelle. Noch im selben Jahr brachte VW als Ersatz für den Käfer den Golf I heraus, dessen Keilform stilbildend wurde. Der durchschnittliche Verbrauch eines westdeutschen Automobils lag 1981 etwa 15 % unter dem des Jahres 1975. Auch die Spielzeugindustrie reagierte auf die Ölkrise, denn infolge des stark gestiegenen Rohölpreises verteuerte sich Kunststoff. Im Februar 1974 präsentierte die Zirndorfer Firma „geobra Brandstätter" auf der Nürnberger Spielzeugmesse erstmals kleine statt großer Figuren aus Kunststoff. Dies war die Geburtsstunde von „playmobil" (vgl. Kapitel „Barbie, Barbapapa, Bonanzarad – im Kinderzimmer wird es voll").

Vorangetrieben wurden nicht zuletzt vor dem Hintergrund der Ölkrise der Ausbau der Kernenergie sowie Arbeiten zur Entwicklung von Kollektorsystemen zur Energieversorgung. Dies war der Beginn der Solarforschung, die von amerikanischen Erfahrungen beim Einsatz von Solartechnik für Satelliten und Weltraumfahrzeuge profitieren konnte. Am Fraunhofer-Institut für angewandte Festkörperphysik in Freiburg baute Adolf Goetzberger eine Arbeitsgruppe auf, die sich mit alternativer Energietechnik befasste. Außerdem erlebte nun u.a. die Stromerzeugung durch Windenergie nach bescheidenen Anfängen in den fünfziger Jahren eine Renaissance. So vergab das Bundesministerium für Forschung und Technologie von Juli 1974 bis Januar 1976 Forschungsaufträge zu allen erneuerbaren Energien. Eine der Studien kam zu dem Ergebnis, man solle neue Großwindanlagen bauen. Dazu kam es dann in den achtziger Jahren.

Umweltbewusstsein und Energiekrise beeinflussten auch Designer, die in den siebziger und achtziger Jahren ökologische Kriterien in ihre Arbeiten einbezogen („Jute statt Plastik"). Ein Trend war die „Umweltgestaltung", wie sie die 1973 gegründete Kölner Gruppe „DREISTÄDTER" verstand: Sie gestaltete u.a. U-Bahnhöfe und Haltestellen nicht als Warteraum, sondern Erlebnisbereich. Die 1974 gegründete und bis 1980 bestehende Offenbacher Gruppe „Des-In" entwickelte vor dem Hintergrund von Energiekrise und Umweltverschmutzung Ideen zur Verwendung von Industrieabfällen. Berühmt wurde ihr „Reifensofa" aus ausrangierten Autoreifen mit einem Bezug aus Jute (vgl. Kapitel „Positionen des Designs in den Siebzigern").

Luigi Colani gehörte zu den bekanntesten Designern der siebziger Jahre. Mit seinem Werk verbinden wir runde, aerodynamische Formen, die ebenfalls eine Antwort auf die Ölkrise waren (vgl. Kapitel „Luigi Colani und das Design der Siebziger").

Im Wohnbereich verwendete man ab Mitte der siebziger Jahre verstärkt Holz und Leder, die das Ursprüngliche der Natur repräsentierten (vgl. Kapitel „Wohnen"). Auch Möbel aus Rattan hielten Einzug. Auch in den siebziger Jahren hieß Wohnen für Studenten oftmals das Miteinanderleben in Wohngemeinschaften, oft in Altbauten. Schätzungen zufolge gab es 1971 etwa 2.000 solcher WG`s. 1980 waren es schon ca. 40.000 mit etwa 400.000 Bewohnern, was auch mit den infolge der Expansion des Bildungssystems zunehmenden Studentenzahlen zu tun hatte. Wohnen in WG`s bedeutete den Bruch mit dem traditionellen Wertesystem, das auf Ordnung und Sauberkeit setzte und die Eltern in einer dominanten Rolle sah. WG`s waren auch eine Art „Familienersatz" – allerdings eine Familie, die man sich selbst aussuchen konnte. Das alternative Wohnkonzept erstreckte sich auch auf die Möblierung: Möbel kamen vielfach vom Flohmarkt, als Regale dienten nicht selten Obstkisten. Ab 1974 kam das IKEA-Design hinzu, nachdem die schwedische Firma in Eching bei München ihre erste deutsche Filiale eröffnet hatte. Ihr „Billy"-Regal ergänzte oft Mobiliar aus der Kaiserzeit. Bei der Farbge-

Willy Brandt in Warschau, 7.12.1970

bung gab es eine Vorliebe für Braun, Ocker, Orange und Apfelgrün. Selten fehlten die Fototapete, der Flokatiteppich, orangefarbene Schalensessel, die braune Cordliege, Japanleuchten aus Reispapier und der Klappzahlenwecker. Sitzgarnituren wurden nun zur „Wohnlandschaft" ausgebaut. Eine andere Form alternativen Wohnens boten die Landkommunen, besonders in Bayern, Hessen, Niedersachsen und im Schwarzwald. Das Spektrum der Bewohner solcher Bauernhöfe, die nur von dem lebten, was der Boden hergab, reichte von gescheiterten Existenzen über Handwerker bis zu Akademikern.

Nach der vergeblichen Hoffnung der 68er-Bewegung auf eine Revolution wandten sich ihre Anhänger anderen Formen des Protestes zu. Mit dem zunehmenden Umweltbewusstsein ab Ende der sechziger Jahre entstanden im neuen Jahrzehnt neue Protestgruppen und Bürgerinitiativen: Anti-Atomkraft- und Ökologiebewegung, Frauenbewegung und Friedensbewegung. Mit diesen Bewegungen war in den siebziger Jahren in der bundesrepublikanischen Gesellschaft ein Wertewandel verbunden: Der Aufbruch in neue Lebensentwürfe, die Entfaltung des Individuums mit dem Wunsch nach Selbstverwirklichung trat an die Stelle von traditionell bürgerlichen Tugenden wie Fleiß, Leistung, Streben nach Anerkennung, Sparsamkeit, Ordnung, Prestige. Die zum Teil gewalttätigen Proteste der Atomkraftgegner und Ökobewegung richteten sich gegen den Ausbau der Kern-

energie (Wyhl 1975; Kalkar, Grohnde, Brokdorf ab 1977) und gegen das Atommülllager in Gorleben (ab 1977), wo Aktivisten das Anti-Atom-Dorf „Freie Republik Wendland" gründeten. Wasserverschmutzung und Lärmbelästigung sowie die Verklappung von Giften in die Meere waren weitere Ansatzpunkt für Proteste (vgl. Kapitel „Protestbewegungen"). 1971 wurde im kanadischen

Demonstration gegen das AKW Brokdorf, 14.11.1976

Großdemonstration gegen eine geplante Atommülldeponie in Gorleben, 1.3.1979

Vancouver die Organisation „Greenpeace" gegründet, die gegen die Meeresverschmutzung zu Felde zog – 1981 wurde auch in der Bundesrepublik ein Büro eröffnet. 1972 erhielt die Öko-Bewegung Auftrieb durch den viel beachteten Bericht des Club of Rome „Die Grenzen des Wachstums". Darin wiesen die Autoren mit drohenden Zukunftsvisionen auf den Zusammenhang zwischen Natur- und Umweltschutz und wirtschaftlichem Wachstum mit seiner Ausbeutung der Rohstoffe hin. Das Szenario gipfelte in der Vorhersage vom Ende des Wachstums in den Industriestaaten. Die Resonanz auf die Studie war gewaltig. Viele Menschen wollten jetzt mehr Lebensqualität statt mehr Wachstum um den Preis der Umweltzerstörung. Im selben Jahr gründete sich der

„Bundesverband Bürgerinitiativen Umweltschutz", der Ende des Jahrzehnts etwa 1.000 Initiativen mit geschätzten 1,8 Millionen Mitgliedern umfasste. 1975 erreichte der CDU-Bundestagsabgeordnete und Umweltexperte seiner Partei Herbert Gruhl mit seinem aufrüttelnden Buch „Ein Planet wird geplündert" in kurzer Zeit 400.000 Leser. 1978 gründete er die „Grüne Aktion Zukunft", die im März 1979 mit anderen ökologischen Bewegungen zu den „Grünen" verschmolz, die im selben Jahr in Bremen erstmals in ein Landesparlament einzogen; ab März 1983 waren sie im Deutschen Bundestag vertreten. Gegner der Nukleartechnik fühlten sich bestätigt, als sich im März 1979 im amerikanischen Kernkraftwerk Three Miles Island bei Harrisburg/ Pennsylvania ein

(links) Plakat „Weg mit dem § 218", 1975

(rechts) Plakat „Gebt mir eine Zukunft! Keine Atomenergie", 1977

schwerer Unfall ereignete. Dennoch baute die Bundesregierung bis in die achtziger Jahre die Kernenergie aus. Zu den elf Kernkraftwerken der siebziger Jahre kamen im nächsten Jahrzehnt noch zwölf weitere hinzu. Hatte ihr Anteil an der Stromerzeugung 1970 etwa 4% betragen, so stieg er 1985 auf über 30%.

Die Ende der sechziger Jahre entstandene Frauenbewegung wuchs in den siebziger Jahren zu einer festen Größe im gesellschaftlichen Leben heran. Ihr Ziel war die Veränderung des privaten Umfelds und der bestehenden patriarchalisch ausgerichteten Gesellschaft. Mit ihrem Postulat der Selbstentfaltung und Selbstbestimmung über ihre Sexualität war die Bewegung Teil der auch in anderen gesellschaftlichen Bereichen zu erkennenden „Neuen Subjektivität". 1971 erhielt die Bewegung einen Motivationsschub durch die von Alice Schwarzer initiierte Kampagne gegen den „Abtreibungsparagraphen" 218, mit der die Frauenbewegung erstmals bundesweite Aufmerksamkeit erreichte: 374 Frauen, darunter Senta Berger, Romy Schneider und Ursula Noack, bekannten im Stern, abgetrieben zu haben. Lokale Frauengruppen erhielten nun großen Zulauf. Als weitere Folge dieser Aktion eröffnete 1972 in Frankfurt am Main das erste deutsche Frauenzentrum, dem rasch weitere in anderen Städten und auf dem Land folgten. Vielfach bildeten sich im Umkreis solcher Zentren ab Mitte der siebziger Jahre Frauen-WG`s, Frauenverlage sowie entsprechende Buchläden, Ca-

fés, Bands, Theater- und Filmgruppen, Frauenkabaretts und Frauen-Ferienhäuser.

1974 erreichte die Bewegung eine Modifizierung des § 218: Der Bundestag beschloss, dass Abtreibungen während der ersten drei Monate straffrei blieben. Allerdings widersprach das Bundesverfassungsgericht 1975 die Fristenlösung – 1976 beschlossen SPD und FDP die Indikationenregelung. 1974 fand der erste Nationale Kongress der deutschen Frauenbewegung in Bochum statt. 1976 öffnete in Westberlin das erste Frauenhaus, in dem von ihren Männern misshandelte Frauen mit ihren Kindern vorübergehend in einem gewaltfreien Raum Unterkunft fanden – 1982 waren es schon 120. Zudem wurde 1976 in Westberlin die erste Frauen-Sommeruniversität gegründet. Im Februar 1977 brachte Alice Schwarzer als Vorkämpferin gegen die Unterdrückung der

Werner Berges, Fahne, 1972

Frauen ihre Zeitschrift „Emma" heraus. In diesem Jahr wurde auch das Ehe- und Familienrecht reformiert. Haushaltsführung und Erwerbstätigkeit wurden gleichrangig anerkannt – bis dahin hatte die Ehefrau nur mit Erlaubnis ihres Mannes berufstätig sein dürfen. Außerdem trat im Scheidungsrecht das Zerrüttungsprinzip an die Stelle des Schuldprinzips. Damit war es erstmals möglich, die Ehe auch gegen den Widerstand eines Partners nach einer Frist von drei Jahren zu beenden. 1978 fand die erste Kampagne gegen die Diskriminierung von Frauen in der Werbung statt; in Westberlin wurde die erste Stelle „Notruf für vergewaltigte Frauen" eingerichtet – bis 1981 waren es bundesweit bereits zehn. 1979 regelte der Bund gesetzlich den Mutterschaftsurlaub.

Auch wenn die rechtliche Gleichstellung der Frauen in diesem Jahrzehnt große Fortschritte machte, blieben die ökonomischen Unterschiede beim Lohn und beim Aufstieg in höhere Positionen bestehen.

Ein weiteres Aktionsfeld der Frauenbewegung war die Prostitution. Sie forderte die Anerkennung der Prostitution als Beruf und wandte sich gegen die Kriminalisierung solcher Frauen. 1979 gründeten Sozialarbeiterinnen und Prostituierte das „Hurenprojekt Hydra", eine Beratungsstelle für Frauen, die sich aus der Abhängigkeit von Zuhältern lösen wollten.

Die Friedensbewegung hatte ihre Vorläufer in der „Ohne-Mich-Bewegung" der fünfziger Jahre, die gegen die Wiederbewaffnung der Bundesrepublik zu Felde zog, und in den Ostermärschen, die in den sechziger Jahren in der Bundesrepublik gegen atomare Waffen stattfanden. Von 1979 bis 1983 protestierten Hunderttausende aus Angst vor dem Atomkrieg gegen den NATO-Doppelbeschluss, der die Aufstellung von Nuklearwaffen in Westeuropa als Antwort auf sowjetische Mittelstreckenraketen vorsah. Die Mehrheit der Bundesbürger war gegen diese nukleare Nachrüstung, was auch dem Antiamerikanismus in der Bundesrepublik neue Nahrung gab.

Zeitschrift „Emma", 1977

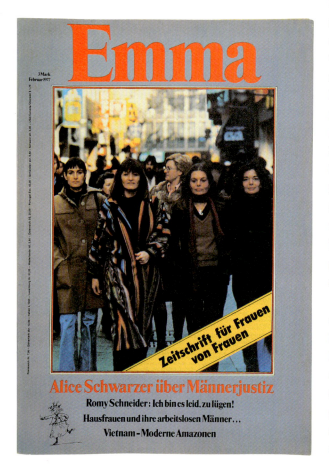

Die seit der Nachkriegszeit nahezu ununterbrochene Phase des Wirtschaftswachstums war in den siebziger Jahren zu Ende, was in diesem und den nächsten Jahrzehnten zu Veränderungen in den Wirtschafts- und Produktionsstrukturen führte. Die erste Ölkrise von 1973 hatte eine massive Verschlechterung der Konjunktur und – zusammen mit der neuen Technisierung des Arbeitsplatzes – einen Anstieg der Zahl der Arbeitslosen von 100.000 im Jahr 1970 auf 1,1 Millionen im Jahr 1975 zur Folge. Die Regierung hatte darauf bereits 1973 mit einem „Anwerbestopp" für Gastarbeiter reagiert. Ein Beispiel für den nun verstärkt eingeführten technologischen Wandel ist der Umbruch in der Zeitungsherstellung. Statt der herkömmlichen Satz- und Drucktechnik mit beweglichen Lettern hielt jetzt die Computertechnologie ihren Einzug. Seitenumbruch und Layout erfolgten elektronisch in den Redaktionsstuben, nicht mehr in der Setzerei. Der Fotosatz löste den Bleisatz ab. Dieser technische Fortschritt kostete Arbeitsplätze. Nach Angaben der Industriegewerkschaft „Druck und Papier" sollen zwischen 1974 und 1982 insgesamt 36.000 Arbeitsplätze verloren gegangen sein. Auch in der Autoindustrie war die „Computerisierung" auf dem Vormarsch und half, neue Produktionsprozesse durchzusetzen. So führte z.B. 1972 Daimler-Benz als erster Autohersteller die auf der Entwicklung der Mikroelektronik basierende rechnergestützte Fertigungstechnik für die Punktschweißung von Karosserien ein, was ebenfalls Arbeitsplätze kostete. Beim Volks-wagenkonzern verrichteten Roboter u.a. Schleif-, Schweiß- und Lackierarbeiten.

Die Kultur der siebziger Jahre zeichnete sich durch große Vielfalt aus. Der Neue deutsche Film mit seiner Widerspiegelung des bundesrepublikanischen Alltags erreichte internationale Reputation. Das Fernsehen konnte nunmehr auch über Satelliten empfangen werden. Als neues Format kam die Talkshow ins Programm, die der „Neuen Subjektivität" Rechnung trug. (vgl. Kapitel „Film und Fernsehen"). Die öffentlich-rechtlichen Rundfunkanstalten führten Anfang der siebziger Jahre Verkehrsinformationen für Autofahrer ein. Vorreiter war am 1. April 1971 der Bayerische Rundfunk mit „Bayern 3, die Servicewelle von Radio München", gefolgt vom Hessischen Rundfunk (ab 1972), dem Südwestfunk (ab 1975) und dem Süddeutschen Rundfunk 3 (1979). Um die regionale Identität im Zeitalter der Europäisierung zu fördern, richteten Sender in den siebziger und achtziger Jahren Sendungen ein, die Themen aus der Region vorstellten (z.B. WDR, „Hallo Ü-Wagen" ab 1974). 1980 führte der Bayerische Rundfunk für Liebhaber der klassischen Musik mit „Bayern 4 Klassik" das erste E-Musik-Spartenprogramm ein.
In der Literatur fand die neue Gewalterfahrung um die RAF vor allem im Werk von Heinrich Böll ihren Niederschlag. Ein weiteres Thema war die Rolle der Väter im Dritten Reich. Im Ganzen gesehen muss man jedoch einen Rückzug der Schriftsteller von

ihrem politischen Engagement konstatieren: Die Lyrik entpolitisierte sich; zugleich entstand auch in diesem Bereich eine „Neue Subjektivität", die sich verstärkt mit dem eigenen Ich auseinandersetzte, wovon viele Autobiographien von Schriftstellern und Schauspielern Zeugnis ablegen (vgl. Kapitel „Literatur").

Im Theater reichte das Spektrum der Aufführungen von politischen und sexuellen Revolutionen bis zu Volksstücken (vgl. Kapitel „Drama und Theater"). Allerdings war ähnlich wie in der Literatur das politische Theater auf dem Rückzug; die Klassiker standen nun Pate bei der Ich-Suche.

In der Bildenden Kunst waren die letzten drei Jahrzehnte des 20. Jahrhunderts durch das Nebeneinander von gegenständlicher und abstrakter Malerei in ihren vielfältigen Formen präsent. Die siebziger Jahre verhalfen der gegenständlichen Malerei vor dem Hintergrund der politischen Entwicklung in der Bundesrepublik zu neuem Schwung. Viele Maler verschrieben sich dem Realismus, indem sie ähnlich wie die Filmschaffenden Widersprüche in der Bundesrepublik aufzeigten. Das Spektrum ihrer Themen reichte von der architektonischen Veränderung der Städte über Arbeitslosigkeit, soziale Ausgrenzung und Geldgier bis zum Ost-West-Konflikt. Ein wichtiger Protagonist für die Politisierung der Malerei war der Beuys-Schüler Jörg Immendorff. Von 1977 bis 1983 schuf er eine Reihe von „Café Deutschland"-Bildern. Das Café ist der imaginäre Raum, in dem sich der Ost-West-Konflikt, die Teilung

Deutschlands und die damit verbundenen menschlichen Schicksale abspielen. Ein anderer Vertreter der Wirkungsästhetik und der gegenständlichen Malerei ist Johannes Grützke. Im Januar 1973 gründete er in seinem Atelier in Westberlin gemeinsam mit Manfred Bluth, Matthias Koeppel und Karlheinz Ziegler als Bekenntnis zur gegenständlichen, realistischen Malerei die „Schule der Neuen Prächtigkeit". In künstlerischer Auseinandersetzung mit der bundesrepublikanischen Realität hinterfragten sie Rituale, persiflierten gesellschaftliche Phänomene und sorgten für gewollte Irritationen. So schuf Grützke im Gründungsjahr der Gruppe ein Gemälde, das vor dem Hintergrund der Ölkrise die Fortschrittsgläubigkeit persiflierte. Es zeigt zwei lachende Männer, die sich mit einem selbstgebastelten Segelflugzeug vergnügen. Markus Lüpertz und Anselm Kiefer arbeiteten sich künstlerisch am Nationalsozialismus ab, wobei Kiefer auch die Auswirkungen auf die Mentalität der westdeutschen Nachkriegsgesellschaft beleuchtete. Einen anderen Zugang zur gegenständlichen Malerei vertrat die 1979 gebildete Gruppe „Normal", die die volkstümliche Kunst aufnahm. Hierfür standen Milian Kunc, Peter Angermann und Jan Knap. Die 1965 gegründete Gruppe „ZEBRA" wollte „den Gegenstand kühl und distanziert" zeigen. Ihr Mitglied Peter Nagel löste diesen Anspruch auch in den folgenden Jahrzehnten ein. Bildwürdig war für ihn in den siebziger Jahren das Alltägliche, seien es spie-

lende Kinder, Urlaub am Strand, Tauben-
schwärme, Fliegenfänger, eingedrückte
Fußbälle oder einfach nur rostige Nägel.
Harald Duwes Kinderbilder zeigen das
Kind in einer von Müll bedeckten Umwelt.
In seinen Fabrikbildern stellt er nach ei-
genem Bekunden den „ferngesteuerten"
Arbeiter dar. Duwes Anliegen war es, „die
Menschen [...] als Leute" darzustellen,
„die weder glücklich noch unglücklich
sind, sondern die [...] mehr als dumpfe

Wesen existieren, abgeschnitten von ur-
sprünglichen Gefühlen oder Empfindun-
gen." Dabei hegte er die Hoffnung, die
Menschen zu einer Änderung ihres Lebens, „in dem sie gefangen sind", zu be-
wegen.
Konrad Klaphecks Bilder sind ebenfalls
Ausdruck der „Neuen Subjektivität" dieses Jahrzehnts. Seine Dingwelt, u.a.
Schreib- und Nähmaschinen, Wasserhäh-
ne, Telefone und Bügeleisen, sind Chiffren

*Johannes Grützke,
„Unser Fortschritt ist
unaufhörlich", 1973*

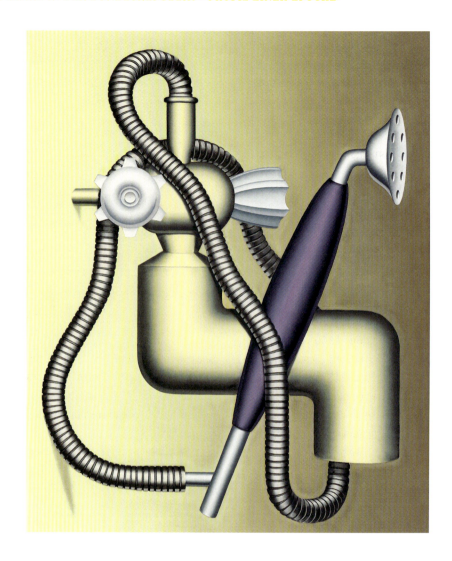

Konrad Klapheck,
Die Diva, 1973

für seine Biographie. So zeigt sein Bild „Die Supermutter" von 1975 eine Bohrmaschine, die stellvertretend für seine Mutter und ihren Fleiß steht. Mit seinen Maschinenbildern schuf er nach eigenem Bekunden „unfreiwillig Monstren, in denen ich die Ängste und Wünsche meiner Kindheit wiedererkenne."

Die Musik zeigte eine Reihe von neuen Trends: Die E-Musik besann sich wieder auf die Musik der Jahrhundertwende, Big Bands wurden populär, und der deutsche Schlager litt unter einem „Imageverfall" (Claudia Schormann). Die internationale Pop- und Rockmusik war auf dem Vormarsch, wobei die Rockmusik neue

Trends zeigte. Mit Udo Lindenberg konnte sich auch die deutschsprachige Rockmusik etablieren. Auch der Punk eroberte sich sein Publikum, und aus Amerika schwappte die Discowelle auf die Bundesrepublik herüber. Die in den sechziger Jahren entstandene Liedermacher-Szene entwickelte sich weiter (vgl. Kapitel „Musik").

Im Sport erlebte die Bundesrepublik eine Reihe von Großveranstaltungen, 1972 die Olympischen Sommerspiele in München und 1974 die Fußballweltmeisterschaft, die für die deutsche Nationalmannschaft sehr erfolgreich verlief. Außer dem Spitzensport förderte der Staat auch den Breitensport mit der 1970 vom Deutschen Sportbund gestartete „Trimm-Dich-Bewegung" (vgl. Kapitel „Sport").

Für ihre Freizeit gaben die 61 Millionen Bundesbürger in den siebziger Jahren erheblich mehr Geld aus als im Jahrzehnt zuvor. Joggen („Waldlauf") als Ergebnis der Trimm-Dich-Welle war angesagt, ebenso Drachenfliegen, Windsurfen, Gleitschirmfliegen, Squash, Aerobic und Body Building in Fitnesscentern, die nun in großer Zahl entstanden. Über die 1972 auf den Markt gebrachte Spielzeugfigur „Big Jim" hielt das Body Building auch seinen Einzug ins Kinderzimmer. Das Bonanza-Rad avancierte zum Statussymbol der Jungen. Wer Lust hatte, konnte sich in den neuen Erlebnisbädern mit Whirlpools, Rutschen, Saunas und Wellenbädern vergnügen. Junge Leute reisten vielfach als Anhalter bzw. mit dem 1972 eingeführten Interrail-Ti-

cket, mit dem man mit der Bahn vier Wochen lang in fast ganz Europa unterwegs sein konnte. Ab 1978 setzte das Reiseunternehmen TUI den Ferien-Express auf die Schiene.

In den siebziger Jahren verstärkte sich ein neuer Urlaubstrend: Statt einmal im Jahr

Urlauber bei den Pyramiden von Gizeh, 1975

Ansichtskarte aus Ägypten, 1972

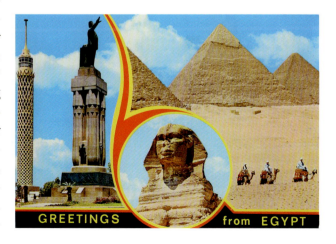

Strickkleid von Claudia Skoda, Anfang 1970er Jahre

den großen Urlaub zu verleben, verreiste man jetzt kürzer, um noch Zeit für eine zweite (Städte-)Reise zu haben. Die Suche nach dem irdischen Paradies ließ die Nachfrage nach touristisch noch unberührten Ländern entstehen. Neue Ziele für Fernreisen waren jetzt außer dem Nahen Osten der Senegal, Gambia, Kamerun, Mauritius, die Südsee, die Malediven und die Seychellen; begleitet von kritischen Stimmen, die eine umweltverträgliche Form des Reisens forderten. Man nahm zur Kenntnis, dass der Massentourismus die Umwelt veränderte. Als Folge entwickelt

Damenstiefel mit Plateausohle 1970er Jahre

sich ab den achtziger Jahren der sogenannte sanfte Tourismus. Zu Hause gab es dann für Verwandte und Bekannte die oftmals langatmigen Dia-Vorträge.

Die Mode des Jahrzehnts stand für „Natürlichkeit und Selbstverwirklichung" (Gertrud Lehnert). Sie fügte sich damit in das Jahrzehnt der „Neuen Subjektivität" ein. Ausdruck hierfür war die Vermischung verschiedener Stile, wobei Mini-, Midi- und Maximode miteinander konkurrierten. In der Haut Couture machte Yves Saint Laurent den Stilmix salonfähig. Die Couturiers konkurrieren jetzt mit der Street- und Underground-Szene, von denen junge Modeschöpfer wie Jean Paul Gaultier Impulse erhielten. Die „Straße" diktierte die Modestile: Hotpants und Maximantel mit Knautschlackstiefeln, Damen- und Herrenschuhe mit Plateausohle, Moonboots, Schnürsandalen („Jesuslatschen"), Clogs, eng sitzende bunte Polyesterhemden mit großem Kragen, Rüschenhemden, Schlaghosen, Cordjeans, T-Shirts, breite Krawatten, olivgrüne Bundeswehrparkas mit Palästinensertuch, Jeans, Pelze, Folkloregewänder, Kaftankleider, Chanel-Kostüm, Männerhüte für Frauen, Military-Look, Overalls, Sackkleider, indischer Look, Hippiekleider mit Batikdruck, Afghanenmantel (Fellseite innen, Lederseite außen), Afro-, Beduinen- und Punk-Look – alles war erlaubt, was die Individualität und fortschreitende Emanzipation unterstrich. In der zweiten Hälfte des Jahrzehnts zeigte sich die „No future"-Bewegung im Punk-Look, der von Modemachern wie Yves St. Laurent aufgegriffen wurde.

Mit der Ölkrise wurde Selbstgestricktes und Selbstgehäkeltes, von Wollsocken und Mütze über bunte Schals und Norweger-Pullover bis zum langen Kleid, modern. Diese politischen Signale standen für Widerstand gegen das Establishment und die Rückkehr zur Natürlichkeit. In der Dekoration der bürgerlichen Wohnung setzte sich dieser Trend mit Decken und Kissen fort. Die französische Modeschöpferin Sonia Rykiel setzte mit Kostümen und Strickhosen, Jacken und Pullovern Akzente. Ihr Pendant in der Bundesrepublik war die Strickdesignerin Claudia Skoda, die zunächst Strickanzüge für Männer entwarf, dann körperbetonte Strickkleider. „In" waren jetzt auch Patchwork-Röcke. Vor allem aber die Blue

Kniestrümpfe und Hotpants, 1971

Jeans entwickelte sich zur Kleidung für jede Gelegenheit: in der Schule, im Büro, in der Universität, zu Hause und in der Freizeit. Ab 1976 wurde sie von Herren als hautenge Röhrenjeans zur körperbetonten Anzugjacke getragen, außerdem von der Jugend zum Parka. Ende des Jahrzehnts kam auch der Jeans-Rock auf, T-Shirts ergänzten Hemd und Polobluse. Endgültig salonfähig wurde der Hosenanzug für Frauen. Das Herrensakko zur Buntfaltenhose war wieder tailliert und wurde ohne Weste getragen.

Die männliche Jugend trug die Haare lang, außerdem Koteletten. In der linksalterna-

Bluse im Folklorelook, 1970er Jahre

tiven Szene waren T-Shirt, Pullover, Parka und Jeans, dazu Pferdeschwanz und ungestutzter Vollbart verbreitet. Wer bei der Bundeswehr als Wehrpflichtiger mit langen Haaren diente, musste ab 1971 ein Haarnetz tragen, was der Bundeswehr den Spottnamen „German Hair Force" eintrug. Feministinnen waren außer an ihrem Schlabberlook nicht selten an ihren hennaroten, oft streichholzkurzen Haaren zu erkennen, die die Geschlechterunterschiede ebenso einebneten wie ihre Männerkleidung. Viele Männer glätteten ihr Haar mit „Brisk". Junge Frauen orientierten sich in der Haarmode oft an Schauspielerinnen wie Jane Fonda und Farrah Fawcett-Major und lösten die Hochsteck-

frisur von Farah Diba aus den sechziger Jahren endgültig ab.

Die Stadtentwicklungspolitik war auf den Neubau von Wohnungen ausgerichtet, maßgeblich ausgelöst durch den notwendigen Wiederaufbau nach den Kriegszerstörungen und durch die zunehmende Verstädterung. Ein Beispiel hierfür ist das von 1972 bis 1975 in Hannover im Stil des Brutalismus gebaute Ihme-Zentrum, das das größte Betonfundament einer Wohnanlage in Europa hatte. Die Anlage bot Verkaufsflächen von 60.000 qm und Wohnflächen von etwa 66.000 qm für über 900 Wohnungen. Gegen die „Unwirtlichkeit der Städte" (Alexander Mitscherlich) zogen im

Parka, 1970er Jahre

Laufe des Jahrzehnts Umweltschützer verstärkt zu Felde. Ihre Proteste richteten sich gegen Großanlagen wie Hochhaussiedlungen, Satellitenstädte und Flughafenerweiterungen sowie gegen die gesichtslose Betonarchitektur im Allgemeinen. Die Baupolitik der siebziger und achtziger Jahre besann sich nun verstärkt auf die Innenstadt als Lebensraum. Architekten setzten erste Zeichen der Anlehnung an historische Baustile, die in den achtziger Jahren der Postmoderne zum Durchbruch verhalfen. Die Wiederentdeckung der Geschichte – Geschichtswerkstätten schossen wie Pilze aus dem Boden – und ein neues Bewusstsein für Denkmalschutz speisten sich aus einem Gefühl für den Zusammenhang von Geschichte, Region und Identität. Alte Bausubstanz, sei es in Arbeitersiedlungen des 19. Jahrhunderts oder in bürgerlichen Vierteln der Jahrhundertwende, war wieder attraktiv, weil sie angesichts vielfältiger Orientierungslosigkeit im Zeitalter der Globalisierung das Überschaubare, das Eigene bot. Ein wichtiges Anliegen der Städtebauförderung von Bund und Ländern war deshalb zu Beginn des neuen Jahrzehnts die Sanierung und Modernisierung alter Bausubstanz mit dem Ziel der Energieeinsparung in bisher vernachlässigten Stadtteilen, wobei allerdings zunächst weiter zerstört und neu gebaut anstatt instandgesetzt wurde.

Mehr Fußgängerzonen und eine postmoderne Bauweise, die vom Sichtbeton abrückte und stattdessen Architektur in ihren vielfältigen Formen sichtbar machte, gehörten zum Forderungskatalog von Bürgerinitiativen. Die Stadtzentren sollten wieder Orte der Kommunikation sein, die auch nach Büro- und Ladenschluss attraktiv bleiben. Städte wie Hannover, Köln und Wuppertal schmückten sich mit Programmen für Kunst am Bau und für Straßenkunst, um auf diese Weise die Forderungen nach „Kultur für alle" (Hilmar Hoffmann) mit Leben zu füllen. Neu entstandene Kultur- und Jugendzentren sollten der Jugend Freizeitbeschäftigung abseits der Straße bieten. Doch scheiterte die lebenswerte Stadt vielfach am ökonomischen Kalkül. Weiterhin baute man große Warenhäuser in alte Stadtkerne. Ehemals elegante Flaniermeilen wie die Kaiserstraße in Frankfurt am Main oder der Kurfürstendamm in Berlin wurden zunehmend von Banken und Geschäften gesäumt, die die Fußgängerströme versiegen ließen. Der zunehmende Autoverkehr führte zum weiteren Bau bzw. Ausbau von Straßen und zur Ausweisung von zusätzlichen Parkflächen. Damit stieg aber auch die Umweltbelastung, die umso mehr zunahm, je größer die Distanz zwischen Wohnort und Arbeits- bzw. Einkaufsort wurde. In den Großstädten versuchte man dem durch den Ausbau des öffentlichen Nahverkehrs (U-Bahn-Bau) entgegenzuwirken. Auch bei den Baumaterialien setzte in den siebziger Jahren als Folge der Ölkrise von 1973 ein Umdenken ein. Hatte bis dahin

Wärmedämmung keine Rolle gespielt, so wurden nun z.B. ungedämmte Vorhangfassaden durch gedämmte ersetzt. 1976 erließ der Bund das erste Energieeinsparungsgesetz. 1977 kam eine Wärmeschutzverordnung hinzu, die erstmals Grenzwerte für Wärmeverluste in Gebäuden definierte.

Die Natur- und Ingenieurwissenschaften konnten in den Siebzigern wichtige Erfolge vorweisen. An verschiedenen Max Planck-Instituten wurden Arbeitsgruppen für Laserforschung aufgebaut, die die Anwendungsmöglichkeiten von Laserquellen z.B. in der Plasmaphysik und der Photochemie untersuchten. Dadurch war es noch in den siebziger Jahren möglich, die diabetische Retinophathie, bei der durch Diabetes Netzhautkomplikationen entstehen, mit dem Laser aufzuhalten bzw. zu stoppen.

Die Gentechnologie ermöglichte ab Mitte der Siebziger die Rekombination von Genen, also die gezielte Entnahme von Genen aus einem Organismus, deren Veränderung und Übertragung in einen anderen Organismus. Von der Veränderung der genetischen Struktur von Organismen versprach sich die Medizin Hilfe bei der Behandlung zahlreicher Krankheiten. 1973 richtete die Deutsche Forschungsgemeinschaft (DFG) das Schwerpunktprogramm „Pränatale Diagnose genetisch bedingter Defekte" ein. Ein Jahr später wurde bereits der Schwangerschaftsabbruch aufgrund einer pränatalen Diagnose legalisiert. Die Gentechnologie nahm in den achtziger Jahren einen großen Aufschwung.

Die Fortschritte in der Mikroelektronik kamen auch der Entwicklung des „Sicherheitsautos" zugute. Nachdem bereits seit 1974 alle Neuwagen auf den Vordersitzen mit Sicherheitsgurten ausgestattet sein mussten – ab dem 1. Januar 1976 galt die Anschnallpflicht –, stellte Daimler-Benz im Herbst 1978 sein Anti-Blockier-Bremssystem (ABS) vor, das 1980 für die S-Klasse von Mercedes ausgeliefert werden konnte. Ebenfalls in diesem Jahr stattete Mercedes als erster Autohersteller die S-Klasse mit dem Airbag aus.

Wer mit der Eisenbahn schneller als bisher unterwegs sein wollte, konnte ab Winter 1971/72 den Intercity benutzen. Im 2-Stunden-Takt verkehrten zunächst auf vier Linien schnelle 1.-Klasse-Züge mit stärkerer Zugkraft; ab 1979 kam auch die zweite Wagenklasse hinzu. Ein Hochgeschwindigkeitszug der besonderen Art war die Magnetschwebebahn, die in den siebziger Jahren entwickelt wurde. 1979 präsentierte die Bundesbahn den ersten mit elektromagnetischer Schwebetechnik ausgerüsteten und sehr umweltverträglichen Transrapid 05 auf der Internationalen Verkehrsausstellung in Hamburg, für den im folgenden Jahrzehnt im Emsland eine 31,5 km lange Versuchsstrecke gebaut wurde. Allerdings kam der Transrapid nie im Verkehr zum Einsatz.

Fortschritte hatte auch die Luft- und Raumfahrttechnik zu verzeichnen. So entstand z.B. in Bremen das erste westdeutsche Verkehrsflugzeug mit Düsenantrieb, die VFW 614 (Erstflug: 14. Juli 1971). Auf dem Markt konnte sich das Flugzeug nicht behaupten; 1977 wurde das Projekt eingestellt. In diesem Jahrzehnt begann auch der verstärkte Einstieg in die bemannte Raumfahrt. Europa war bestrebt, sich von der amerikanischen Raketentechnik unabhängig zu machen. Die Trägerrakete ARIANE 1 wurde ab 1973 von den Europäern unter Beteiligung der Bundesrepublik entwickelt. Der erste Start erfolgte am 24. Dezember 1979 vom Weltraumbahnhof Kourou in Französisch-Guayana ins All. Ab 1973 beteiligte sich die Bundesrepublik auch am europäisch-amerikanischen „Space-Shuttle"-Programm. Mit der Gründung der „European Space Agency" (ESA) im März 1975 erhielt die Europäisierung in der Raumfahrtforschung einen neuen Schub. Zu den Gründungsmitgliedern gehörte auch die Bundesrepublik. Eine der zentralen Aufgaben der Organisation ist der Aufbau einer Satellitenkommunikation im Weltraum. Bereits am 9. August 1975 startete der erste Satellit ins All.

Siegfried Müller

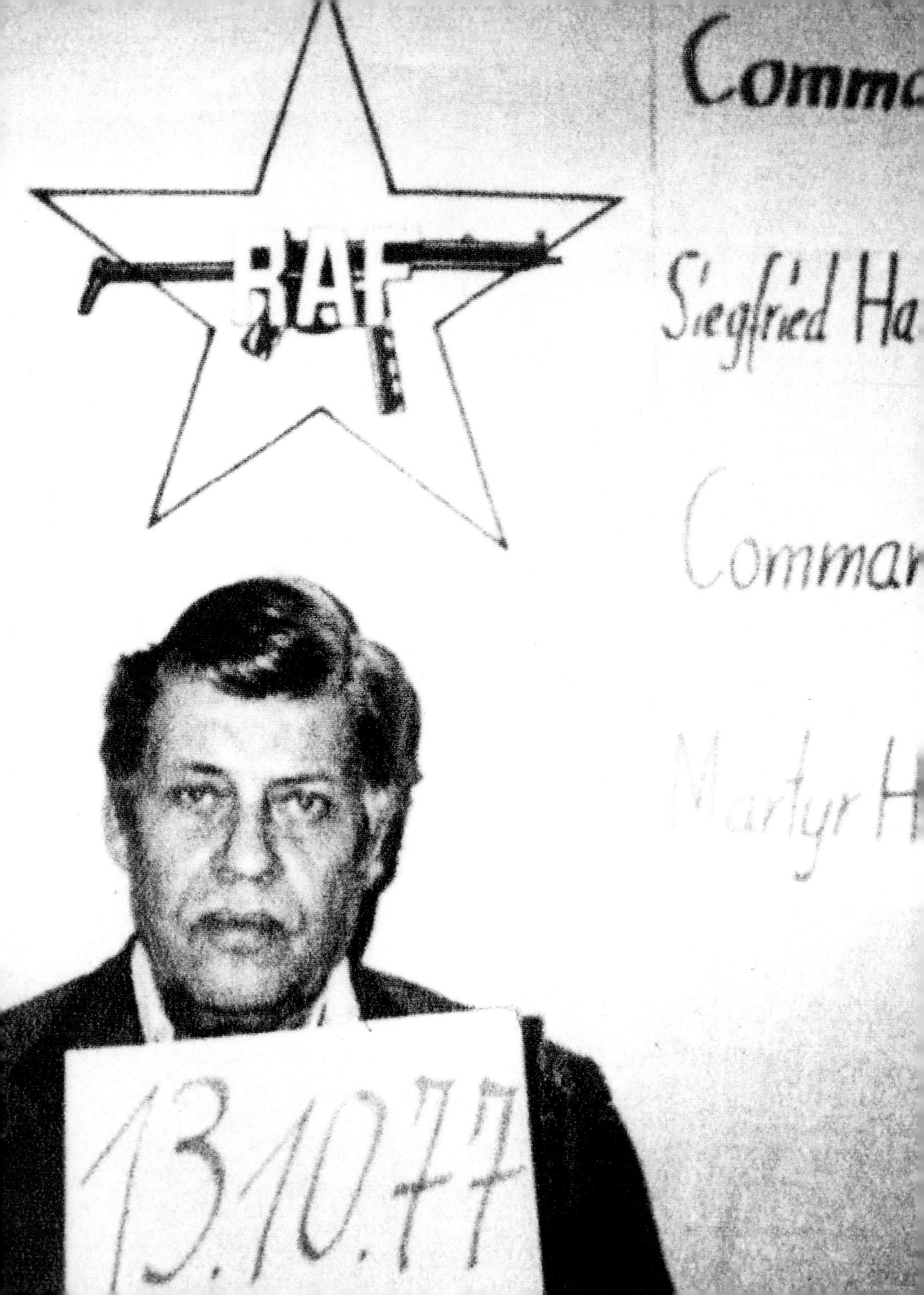
RAF
Comma
Siegfried Ha
Comman
Martyr H
13.10.77

Die RAF und der Staat

Das Phänomen „Rote Armee Fraktion" (RAF) bedeutete „die größte Herausforderung der politischen Ordnung" (Wolfgang Kraushaar) in der Geschichte der Bundesrepublik: 1970 verbündeten sich junge, an kommunistischen Idealen orientierte Bundesbürger aus wohlsituierten Elternhäusern gegen den Staat als „System", weil sie ihm „Unterstützung des US-Imperialismus, Ausbeutung der Dritten Welt und die Unterdrückung der Arbeiterklasse" vorwarfen. Sie bestritten das bis dahin allgemein anerkannte staatliche Gewaltmonopol und praktizierten den bewaffneten „Widerstand" mit dem Ziel einer Revolution. Besondere Zeichen setzten sie mit der Entführung oder Ermordung von Symbolfiguren der bundesdeutschen Politik, Justiz und der Wirtschaft. Insgesamt kann man von drei Generationen aktiver RAF-Mitglieder sprechen, deren Gesamtzahl zwischen 60 und 80 Personen umfasste. Auf ihr Konto gingen 34 Morde, zahlreiche Entführungen, Banküberfälle und Sprengstoffattentate.

Innerhalb des linken Jugend- und Studentenprotestes verfügte die RAF über zahlreiche Anhänger („Sympathisanten"), welche Nachrichten über Terroranschläge auf ihnen missliebige Personen „mit klammheimlicher Freude" (Göttinger AS-TA-Zeitung nach dem Mord am Generalbundesanwalt Buback 1977) verfolgten. Viele radikale Linke (sog. K-Gruppen, Autonome, Rote Hilfe usw.) teilten zwar prinzipiell das schwarz-weiße Weltverständnis der RAF, nicht unbedingt jedoch deren gewalttätige Methoden des „Klassenkampfes". Allerdings wähnten sie alle sich in einem „faschistoiden System" lebend und versagten schon deshalb keinem konspirativen Untergrundkämpfer ihre prinzipielle Unterstützung. Im Übrigen aber war die studentische Linke antiautoritär eingestellt, während sich die RAF kadermäßig organisierte und ihren Mitgliedern soldatische Disziplin und strikten Gehorsam abverlangte. Der Antisemitismus der RAF rückte sie für Viele gefährlich in die Nähe der Nazis, während sie doch den Faschismus zu bekämpfen vorgab. Auch in den Augen ihrer Unterstützer passten Worte und Taten der RAF nicht immer zusammen. So polarisierte die Beurteilung der RAF in den linken Debattierzirkeln ebenso wie in der öffentlichen Diskussion und Medien. Für eine Reihe von teilweise mit ihren RAF-Mandanten konspirierenden Strafverteidigern erwies sich ihr Bekanntheitsgrad in der Öffentlichkeit als Sprungbrett zu einer politischen Karriere ab den 1980er Jahren: Otto Schily (SPD), Hans-Christian Ströbele (Bündnis 90/Die Grünen), Rupert von Plottnitz (Bündnis 90/Die Grünen), Klaus Croissant (PDS; mittlerweile verstorben) und Horst Mahler (zeitweise NPD). Letzterer war 1970 sogar Mitbegründer der RAF gewesen.

Als Geburtsstunde des linksextremen Terrorismus in der Bundesrepublik wird oft der 14. Mai 1970 genannt. An jenem Tag wurde der wegen Kaufhaus-Brandstiftung inhaftierte Andreas Baader während eines Freigangs im Leseraum des Deutschen Zentralinstituts für Soziale Fragen in Berlin-Dahlem von Gesinnungsgenossen mit Waffengewalt befreit. Täter und Befreiter gingen in den Untergrund, organisierten die „Rote Armee Fraktion" und erklärten dem westdeutschen Staat den Krieg. Der Gründungsmythos geht auf das anonyme Schreiben zur Selbstauflösung der RAF zurück, das am 20. April 1998 bei der Nachrichtenagentur Reuters in Köln einging. Übersehen wird bei dieser Interpretation der RAF-Historie zweierlei: Dass sich nämlich laut Selbstzeugnissen ehemalige Mitglieder des Sozialistischen Deutschen Studentenbundes (SDS) bereits nach dem Tod des Studenten Benno Ohnesorge durch eine Polizeikugel (1967) im offenen Krieg mit dem westdeutschen Staat sahen und die Stürmung einer Polizeikaserne erwogen, um an Waffen zu kommen. Der Plan

wurde zwar fürs erste verworfen, doch hatte die Idee eines „bewaffneten Kampfes" erstmals konkrete Züge angenommen. Zum anderen aber ist zu erinnern an den antiisraelisch motivierten Bombenanschlag auf das Jüdische Gemeindehaus Berlin, den die von Dieter Kunzelmann initiierten „Tupamaros West-Berlin" am 9. November 1969 unternahmen. Der Anschlag scheiterte letztlich an einem defekten Zeitzünder und wird darum allzu leicht vergessen. Nur durch unglaubliches Glück kamen über 250 Teilnehmer einer Gedenkveranstaltung zum 31. Jahrestag der „Reichspogromnacht" mit dem Schrecken davon. Tatsächlich ist der Terrorismus kein Zerfalls- oder Verzweiflungsprodukt der 68er-Bewegung gewesen, sondern wurde bereits 1966 von APO-Führer Rudi Dutschke in den Strategiedebatten des SDS zum „Sturz der westdeutschen Klassengesellschaft" erörtert. Im Jahr darauf bedauerte dieser nach dem Schah-Besuch in der Bundesrepublik und West-Berlin: „Dass (...) die revolutionären Kräfte (...) die einzigartige Chance der Erschießung des persischen ‚Herrschers' nicht ausnutzten, ist ein Zeichen für die Niveaulosigkeit unseres bisherigen Kampfes." Als Vorbild empfanden Dutschke und seine Anhänger die „Tupamaros" in Uruguay, die als Freischärler aus dem Dschungel heraus gegen die Diktatur in ihrem Land operierten. Ließen sich auch die Verhältnisse von der Dritten Welt auf die Erste nicht ohne weiteres übertragen, so plädierte Dutschke doch für die Gründung einer Stadtguerilla in den westdeutschen Metropolen – eine Idee, die von Ulrike Meinhof 1971 in ihrem Positionspapier „Das Konzept Stadtguerilla" aufgegriffen wurde. Dutschke selbst distanzierte sich zu diesem Zeitpunkt längst von der durch die RAF praktizierten „Gewalt ge-

RAF-Fahndungsplakat, 1972

▬ Anarchistische Gewalttäter ▬
– Baader/Meinhof-Bande –

Wegen Beteiligung an <u>Morden, Sprengstoffverbrechen, Banküberfällen und anderen Straftaten</u> werden steckbrieflich gesucht:

Meinhof, Ulrike, 7. 10. 34 Oldenburg · Baader, Andreas Bernd, 6. 5. 43 München · Ensslin, Gudrun, 15. 8. 40 Bartholomae · Meins, Holger Klaus, 26. 10. 41 Hamburg · Raspe, Jan-Carl, 24. 7. 44 Seefeld

Stachowiak, Ilse, 17. 5. 54 Frankfurt/M. · Jünschke, Klaus, 6. 9. 47 Mannheim · Augustin, Ronald, 20. 11. 49 Amsterdam · Braun, Bernhard, 2. 2. 46 Berlin · Reinders, Ralf, 27. 8. 48 Berlin

Barz, Ingeborg, 2. 7. 48 Berlin · Möller, Irmgard, 13. 5. 47 Bielefeld · Mohnhaupt, Brigitte, 24. 6. 49 Rheinberg · Achterath, Axel, 15. 4. 35 Hannover · Hammerschmidt, Katharina, 14. 12. 43 Danzig

Keser, Rosemarie, 24. 8. 47 Ebersberg · Hausner, Siegfried, 24. 1. 52 Selb/Bayern · Brockmann, Heinz, 1. 3. 48 Gütersloh · Fichter, Albert, 18. 12. 44 Stuttgart

Für Hinweise, die zur Ergreifung der Gesuchten führen, sind insgesamt **100 000 DM** Belohnung ausgesetzt, die nicht für Beamte bestimmt sind, zu deren Berufspflichten die Verfolgung strafbarer Handlungen gehört. Die Zuerkennung und die Verteilung erfolgen unter Ausschluß des Rechtsweges.

Mitteilungen, die auf Wunsch vertraulich behandelt werden, nehmen entgegen:

Bundeskriminalamt – Abteilung Sicherungsgruppe –
53 Bonn-Bad Godesberg, Friedrich-Ebert-Straße 1 – Telefon: 0 22 29 / 5 30 01
oder jede Polizeidienststelle

gen Personen", die er lediglich akademisch-theoretisch befürwortete.

Bis etwa zur Mitte der 1970er Jahre ist von RAF eigentlich nie die Rede, sondern man sprach entweder neutral von der „Baader-Meinhof-Gruppe" oder mit Hinweis auf die organisierte Kriminalität von „Baader-Meinhof-Bande". „RAF" war lange Zeit nur die interne Selbstbezeichnung der Verschwörer und geht auf das Gründungsmitglied Ulrike Meinhof zurück. Sie entwickelt in ihrer Kampfschrift „Die Rote Armee aufbauen!" (1970) die Vision einer revolutionären Armee, als deren Vorhut sich die RAF verstand. Deren arrogantes Selbstverständnis als „revolutionäre Avantgarde", ihre Verurteilung nicht-militanter Gesinnungsgenossen als „intellektuelle Schwätzer", „Hosenscheißer" und „Feiglinge", letztlich ihr Jubel über das von Palästinensern verübte Olympia-Attentat in München am 5. September 1972 trennten die westdeutsche Linke zunehmend von der RAF

Die Geiselnahme während der Olympischen Spiele, 5.9.1972

und deren Chefpropagandistin. So ist es vielleicht kein Zufall, dass Ulrike Meinhofs Verhaftung 1972 in Hannover auf einen Tipp zurückging, den die Polizei von einem Lehrer aus der Sympathisantenszene erhielt.

Die Geschichte der RAF kann hier nur in groben Zügen wiedergegeben werden: Nach der Befreiung Baaders (1970) unter Beteiligung von Ulrike Meinhof verschwindet eine rund 20 Personen umfassende konspirative Gruppe im Untergrund, lässt sich in einem Palästinensercamp in Jordanien an Waffen schulen und unternimmt in Berlin mehrere Banküberfälle zum Bestreiten ihres Lebens in der Illegalität. Im gesamten Bundesgebiet und Westberlin wird mit 20.000 Fahndungsplakaten an Litfaßsäulen, auf Bahnhöfen, in Banken, Postämtern und Polizeistationen nach den Tätern gefahndet. Baader, Meinhof und Ensslin sind Namen, die damals jeder Bundesdeutsche kannte, zumal sie Thema Nr. 1 der Boulevardpresse waren. Rasche Fahndungserfolge der Polizei veranlassen die zunächst ausschließlich in Westberlin agierende Gruppe, ihren Tätigkeitsbereich auf Westdeutschland auszudehnen und entweder persönlich oder über Gesinnungsgenossen eine Vielzahl von „konspirativen Wohnungen" anzumieten, von denen binnen Jahresfrist rund 40 von der Polizei ausgehoben werden. Ab Juli 1971 kommt es erstmals zu Schießereien zwischen RAF und Polizei, in deren Verlauf eine Terroristin und drei Beamte ihr Leben verlieren. Der Chef des Bundeskriminalamtes Horst Herold gerät zunehmend unter Erfolgsdruck und baut eine von Innenminister Hans-Dietrich Genscher (FDP) angeordnete Sonderkommission „SoKo B/M" zu einem gigantischen Fahndungsapparat auf. Im Laufe der folgenden zehn Jahre steigert er das Personal der Koordinierungsstelle auf 3.536 Mitarbeiter; der Etat wächst von 55 Millionen auf 290 Millionen DM. „Gehirn" der SoKo ist ein für damalige Zeiten riesiges Computernetz, in das 4,7 Millionen Personennamen eingespeist sind sowie über 3.000 Organisationen. Bis zu 50 Mal am Tag gibt es damals irgendwo in Westdeutschland „B/M-Alarm", selbst bei Bundeswehr und Bundesgrenzschutz. Trotzdem kann der bis zur Hysterie wachsame Staat nicht verhindern, dass die Terroristen in einer „Mai-Offensive" 1972 Bombenanschläge auf das Hauptquartier einer US-Einheit, ein Bürohaus des Springer-Konzerns, eine Polizeidirektion und das Auto eines Bundesrichters unternehmen. Die ernüchternde Bilanz: 11 Bomben, 4 Tote, 74 Verletzte. Dennoch scheint das Ende der RAF nahe: Bis Ende Juli sind fast alle Mitglieder der Terrorgruppe verhaftet, und Bundesinnenminister Genscher triumphiert voreilig: „Der Terrorismus ist besiegt!"

Wie zum Spott auf diese Behauptung folgt am 5. September 1972 die bewaffnete Geiselnahme von elf israelischen Sportlern durch acht Palästinenser während der Olympischen Spiele in München. Der Versuch, 232 in Israel inhaftierte Gesinnungsgenossen freizupressen, misslingt

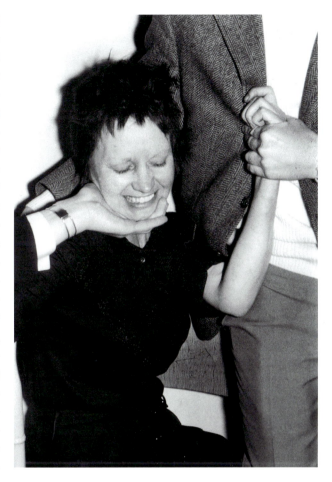

den Terroristen zwar, doch ein unzureichend geplanter Befreiungsversuch auf dem Flugplatz Fürstenfeldbruck wird zu einer Blamage der deutschen Polizei: Neun Geiseln, fünf Terroristen und ein Polizist sterben im Kugelhagel.

Derweil wird über die Anwälte der RAF-Gefangenen der Vorwurf der Folter gegenüber ihren Mandanten erhoben, weil diese zeitweilig isoliert und ohne Kontakt zueinander untergebracht werden. Damals geht

Ulrike Meinhof kurz nach ihrer Verhaftung am 16.6.1972

die Parole „Isohaft ist Folter!" um, die für viele Jahre auf Transparenten studentischer Demonstrationen umhergetragen und oft gebetsmühlenartig skandiert wird. „Anti-Folter-Komitees" entstehen, aus denen sich ein neuer Personenkreis von Terroristen rekrutiert, die die „zweite Generation" der RAF bilden wird. Ihre Aufgabe sehen sie in der Freipressung der „ersten Generation" aus der Gefangenschaft. Im April 1974 werden Meinhof und Ensslin in das als besonders ausbruchssicher geltende Gefängnis Stuttgart-Stammheim verlegt, wo sie unter – verglichen mit gewöhnlichen Gefangenen – komfortablen Verhältnissen einsitzen; im November kommen Baader und Jan-Carl Raspe dazu. Auch der anschließende Prozess gegen die Gründungsmitglieder der RAF findet ab 1975 in einem Hochsicherheitsgebäude in Stammheim statt. Nachdem im November 1974 in der Justizvollzugsanstalt Wittlich RAF-Häftling Holger Meins

infolge eines Hungerstreiks gestorben war, flammt der Terror erneut auf. Hungerstreiks sollen in Zukunft das wesentliche Kampfmittel der festgesetzten RAF-Mitglieder werden, um eine Verbesserung ihrer Haftbedingungen zu erwirken und vor allem die Linke zu mobilisieren. Im folgenden Jahr wird der Berliner CDU-Vorsitzende Peter Lorenz vom RAF-Ableger „Bewegung 2. Juni" entführt und gegen sechs Gefangene ausgetauscht. Es soll das erste und einzige Mal sein, dass die Bundesregierung unter Kanzler Helmut Schmidt (SPD) sich von der RAF erpressen lässt. Erst zu diesem Zeitpunkt erfolgt übrigens die Einführung des Straftatbestandes der „Mitgliedschaft in einer terroristischen Vereinigung" (§ 129a des StGB). Ein weiterer Freipressungsversuch durch die Besetzung der Deutschen Botschaft in Stockholm und Geiselnahme von zwölf Personen scheitert im April 1975 an der harten Haltung Bonns.

Während sich die in Freiheit befindlichen RAF-Mitglieder zum Teil an ausländischen Terrorakten beteiligen, nimmt sich Ulrike Meinhof im Mai 1976 in Stammheim das Leben. Im folgenden Jahr organisiert die eben aus der Haft entlassene Brigitte Mohnhaupt die RAF neu im Hinblick auf geplante Gefangenenbefreiungen. Unter ihrer Führung kommt es zu einem Höhepunkt des RAF-Terrorismus im „deutschen Herbst". Nachdem im April 1977 Generalbundesanwalt Siegfried Buback in Karlsruhe ermordet und im Juli der Vorstandssprecher der Dresdner Bank Jürgen Ponto von Mohnhaupt erschossen worden war, entführt im September (und ermordet im Oktober) ein RAF-Kommando den Präsidenten der Arbeitgebervereinigung Hanns Martin Schleyer. Ein weiterer Freipressungsversuch führt zu einer innenpolitischen Krise, in deren Verlauf Bundeskanzler Schmidt sein Agieren durch einen parteienübergreifenden „großen politischen Beratungskreis" absichert. In Eile wird vom Deutschen Bundestag ein „Kon-

taktsperregesetz" verabschiedet, nachdem sich immer häufiger gezeigt hat, dass die „bestbewachten Gefangenen Deutschlands" aus ihren Zellen heraus und teilweise über ihre Anwälte den Terror draußen weiterhin steuern. Während die Bundesregierung zum Schein mit den Terroristen verhandelt und fieberhaft nach Schleyer sucht, entführen auf Bitte der RAF-Gefangenen am 13. Oktober 1977 Mitglieder der Palästinenserorganisation

Hanns Martin Schleyer als Gefangener der RAF, 13.10.1977

PFLP die Lufthansa-Maschine „Landshut" mit 87 Insassen. Ziel ist die Freipressung der RAF-Elite. Nach mehrtägigem, Nerven zermürbenden Flug landet das Passagierflugzeug schließlich in Mogadischu (Somalia). Dort wird sie am 18. Oktober um Mitternacht (MEZ) von einem Kommando der deutschen Grenzschutzeinheit GSG 9 gestürmt, wobei sämtliche Entführer zu Tode kommen. Unmittelbar nach Bekanntwerden dieses Coups begeht noch in derselben Nacht die Führungsspitze der RAF in Stammheim kollektiven Suizid. Der Erfolg der GSG 9 in Mogadischu bedeutet allerdings für Schleyer den Tod. Im folgenden Jahr schlägt ein RAF-Anschlag auf den NATO-Oberbefehlshaber Alexander Haig fehl. 1980 kommt es zu ersten Auflösungserscheinungen der „Rote Armee Fraktion" und ihrer Verbände: Terroristin Inge Viett und mit ihr später weitere neun RAF-Aussteiger finden mit Hilfe der Ostberliner Staatssicherheit einen Unterschlupf in der DDR, wo sie neue Namen annehmen und bürgerliche Existenzen aufbauen. Die Geschichte der RAF ist damit zwar längst nicht zu Ende – jedoch Thema eines Jahrzehnts, um das es in diesem Buch nicht geht. Festzuhalten ist, dass die Gewalttaten der RAF zwar von Beginn an politisch motiviert

Leporello für Polizeibeamte mit Steckbriefen von RAF-Mitgliedern, 1970er Jahre

waren (zunächst Vietnamkrieg, später Gefangenenbefreiung und „Imperialismus" allgemein), ein über den reinen Terror zur Destabilisierung der staatlichen Ordnung hinausgehendes gesellschaftspolitisches Konzept nirgends erkennbar wurde. Sozialforscher Jan Philipp Reemtsma wagt daher die Vermutung, es sei den RAF-Leuten lediglich um Terror als persönliche Lebensform gegangen, verbunden mit einer Todessehnsucht, die in Worten immer wieder bemüht wurde („revolution ist opfer, tod und nur das", orakelt z. B. ein RAF-Kassiber aus Stammheim). Nach dem Selbstmord der Ideologin Meinhof 1976 versuchten insbesondere die Rechtsvertreter der noch lebenden Angeklagten, die Verbrechen der RAF aus dem Sumpf der Schwerstkriminalität in die lichten Höhen des revolutionären Kampfes zu erheben. In dieser Absicht stilisierten sie ihre Mandanten zu dem „westdeutschen Staatsterror" ausgesetzten „politischen Gefangenen" und mühten sich vergeblich, ihnen den Status von Kombattanten im Sinne der Haager Landkriegsordnung (HLKO) zu verschaffen.

Es stellt sich die Frage, was junge Menschen in den 1970er Jahren in den Terrorismus trieb. Selbstzeugnisse geben reichlich Auskunft und offenbaren dabei fast immer Desperado-Mentalitäten, wie sie in den 1950er Jahren zum Eintritt in die Fremdenlegion führten und gegenwärtig zu den IS-Kämpfern im Nahen Osten. Das geistige Marschgepäck aller dieser selbsternannten Kämpfer lässt sich folgendermaßen in Worte fassen: Eine kompromisslose Teilung der Welt in gut und schlecht (oft gestützt auf Verschwörungstheorien), Hass auf eine anscheinend verweichlichte Gesellschaft, die keine anderen Werte kennt als Geld und Besitz, fanatischer Glaube an die eigene Mission, Bereitschaft zu rigoroser Disziplin notfalls bis zum eigenen Tod – sowie ganz allgemein die Lust am Töten. Einen weiteren Grund gab einmal Gudrun Ensslin zum Besten: Die Stärke einer überlegenen Persönlichkeit, die sie persönlich in Andreas Baader fand. „In diesem Charisma", so erläuterte sie, liege „das ganze Geheimnis."

Michael Reinbold

Protest auf allen Ebenen, oder: „Wer sich nicht wehrt, lebt verkehrt."

Mit Beginn der sozialliberalen Koalition (1969–1982) ging die Studentenrevolte ohne die von ihren Anhängern erhoffte Revolution zu Ende. Eine Mobilisierung der Arbeiterschaft hatte nicht stattgefunden, der Kampf gegen die Notstandsgesetze war gescheitert und der Studentenverband SDS nach endlosen Strategiedebatten so heillos zerstritten, dass er sich schließlich 1970 auflöste. Das Konzept der außerparlamentarischen Opposition (APO) hatte sich letztlich nicht bewährt. Ein kleiner Teil Ultralinker ging in den Untergrund und begann mit dem „bewaffneten Widerstand" gegen die Staatsgewalt. Das Gros der akademischen Linken sagte sich von seiner früheren anarchischen Sponti-Mentalität los und ordnete sich Kräften unter, die strikte basisnahe Parteiarbeit, Ernsthaftigkeit und Askese forderten. Zur einflussreichsten Gruppierung entwickelte sich langfristig die 1968 auf Initiative der DDR-Regierung gegründete DKP (Deutsche Kommunistische Partei), zunächst als Neben-, später Nachfolgeorganisation der bereits 1956 vom Bundesverfassungsgericht für illegal erklärten KPD. Daneben entstand jedoch eine Vielzahl von sektiererischen K-Gruppen, die sich zum Teil heftig bekämpften. Entschiedener Rivale der auf den Ostblock fixierten DKP erwuchs im maoistisch orientierten KBW (Kommunistischer Bund Westdeutschland). Sein damaliger Aktivist Gerd Koenen erinnert sich: „Und dann musste man sich für eine der großen historischen Richtungen entscheiden. In der Regel ging das so, dass man sagte: Also, ich bin bestimmt kein DKPist, die Jusos sind ein korrupter und flauer Haufen, das ‚Sozialistische Büro' ist mir viel zu akademisch, die Trotzkisten sind mir zu … was weiß ich, die Spontis viel zu unernst. Man war erst fünfmal etwas nicht, bevor man etwas war." Viele Aktivisten der später „68er" genannten Bewegung traten jedoch den bürgerlichen Parteien SPD und FDP bei und begannen mit dem von Rudi Dutschke geforderten „Marsch durch die Instanzen". Andere verabschiedeten sich ganz und gar von der Tagespolitik, um sich im Umwelt- und Tierschutz, in der Friedensbewegung, gegen Atomkraft und Radikalenerlass („Berufsverbote") und in weiteren „Neuen sozialen Bewegungen" zu engagieren. Ein Großteil dieser Menschen fand am Ende des Jahrzehnts seine politische Heimat bei den GRÜNEN, die sich als Sammelbecken für praktisch sämtliche links orientierten, friedensbewegten und ökologischen Strömungen erwiesen. Die siebziger Jahre sind rückblickend betrachtet das Jahrzehnt der Frau. Der feministische Aufbruch im Westdeutschland jener Jahre ist schwer denkbar ohne das US-amerikanische „womens liberation movement" (women's lib) der Sechziger und fand zunächst vor allem unter Studentinnen statt. Generell sahen sich Frauen sowohl im Berufs-, als auch im Privatleben damals noch deutlich schlechter gestellt als im gegenwärtigen Zeitalter der „Frauenquote", das freilich noch immer von der Realisierung einer Forderung wie „gleicher Lohn für gleiche Arbeit" meilenweit entfernt ist. Die Situation der Frau verschärfte sich zu Beginn der sechziger Jahre ausgerechnet durch die neue sexuelle Freiheit, da Frauen fortan in der Werbung und somit in der

öffentlichen Wahrnehmung ungeniert zu reinen Sexualobjekten degradiert wurden. Auch die Soft-Pornoindustrie mit ihren angeblichen Aufklärungsfilmen („Schulmädchen-" und „Hausfrauenreport") hieb in diese Kerbe. Der Vorwurf von Frauenverachtung und Sexismus war selten so sehr gerechtfertigt gewesen wie gerade in jener Zeit. Selbst in den sich sozialistisch dünkenden Kreisen der RAF (vgl. Kapitel „Die RAF und der Staat") „gefällt sich ein Andreas Baader darin, die weiblichen Kämpfer als ‚Fotzen' zu titulieren – eine Sprachregelung, die Ulrike Meinhof und Gudrun Ensslin bereitwillig übernehmen" (Jörg-Uwe Albig). Zum Fanal einer neuen Frauenbewegung wurde der Tomatenwurf der Delegierten Sigrid Rüger auf einer SDS-Konferenz am 13. September 1968 in Frankfurt am Main, womit sie die mangelnde Bereitschaft der SDS-Männer anprangerte, in die

Hare Krishna-Anhänger in einer deutschen Großstadt, 1974

Diskussion zur bundesdeutschen Gesell-schaftsveränderung die Frauenfrage ein-zubeziehen. Noch am selben Tag kam es zur Gründung erster „Weiberräte" in ver-schiedenen Landesverbänden des SDS. Viele politisch engagierte Studentinnen er-kannten jetzt deutlich, wie sehr sie von ih-ren „Genossen" in der Rolle des „dienen-den Fußvolks" gehalten wurden. Elke Re-gehr vom „Aktionsrat zur Befreiung der Frau-en" konstatierte im Nachhinein: „Im SDS dominierten einige wenige ‚Chefideologen' mit ihrem Soziologenkauderwelsch. Ich ha-be mich nicht getraut zu sagen: ‚Jetzt lasst mich doch auch mal reden, ich rede we-nigstens verständlich.' Es war überhaupt nicht selbstverständlich, als Frau mitzudis-kutieren. Die meisten Frauen saßen oder standen stumm und lauschten." Und wie gab sich der politisch links stehende Mann privat? „Auf der Straße Kommunist, im Bett Faschist", lautete eine gängige Redewen-dung unter Frauen, die zweifellos wussten, wovon sie sprachen.

Als eine der ersten Projekte der Neuen Frauenbewegung entstanden „Kinderläden" in den großen Universitätsstädten, in de-nen der Nachwuchs konsequent antiauto-ritär und sexuell freizügig erzogen wurde. Auf diese Weise sollte den Müttern Zeit für politische Arbeit ermöglicht werden – eine Rechnung, die jedoch nur zum Teil aufging. Die Aktivistin und spätere Filmemacherin Helke Sanders erinnert sich: „Die Kinder-läden waren so zeitintensiv, dass die ur-sprüngliche Idee, Frauen Zeit für sich selbst zu verschaffen, ins Leere lief. Doch dieser

Aufbau der Kinderläden hat sie [die Frau-en, M. R.] praktisch von morgens bis abends und sogar nachts ununterbrochen gefordert". Erstmals betätigten sich auch Väter und andere Männer betreuerisch, was in kirchlichen oder staatlichen Einrichtun-gen noch nicht denkbar war. Erst Jahrzehnte später rückte die Tatsache ins öffentliche Bewusstsein, dass die Betreuer damals nicht selten Handlungen an Kindern vor-nahmen, die man heute als sexuelle Über-griffe wertet. So sehr Frauen es grundsätz-lich begrüßten, dass Männer begannen, sich mit weiblichen Belangen zu identifi-zieren, so massiv wehrten sie sich gegen männliche Feministen, die flugs auf den Plan traten und sich in ihrer frisch erwor-benen „Betroffenheit" am liebsten zu Pro-tagonisten des Widerstandes gegen das „Patriarchat" aufgeschwungen hätten. Ers-te Früchte der neuen Frauenbewegung be-standen in einer speziellen Frauenliteratur (vgl. Kapitel „Literatur") sowie in „Frauen-

Demonstration gegen das AKW Brokdorf, 19.2.1977

Alice Schwarzer und Esther Villar bei einer Diskussion im Fernsehen, 1975

buchläden", die in jeder größeren bundesdeutschen Stadt entstanden und in denen Männer als Kunden unerwünscht waren. Auch das „Frauenzentrum" als Kaderschmiede für den feministischen Kampf gehörte zum Alltagsbild der (Universitäts-) Städte.

Ein wesentliches Anliegen der Frauenbewegung war der Kampf gegen den Abtreibungsparagraphen 218 (StGB) in seiner Fassung von 1926. Im Rahmen einer spektakulären, an ein französisches Vorbild angelehnten Aktion der Journalistin Alice Schwarzer in der Illustrierten „Stern" bekannten in der Ausgabe vom 6. Juni 1971 fast 400 prominente und nichtprominente Frauen namentlich: „Wir haben abgetrieben!". Die leidenschaftlich verfochtene Abtreibungsdebatte führte 1974 zu einer sog. Fristenlösung der SPD/FDP-Regierung, gegen die die Opposition mit Erfolg vor dem Bundesverfassungsgericht klagte (1975). Den Slogan „Mein Bauch gehört mir!" kannte mittlerweile jede Bundesdeutsche. Im Jahr darauf kam es zur „Indikationsregelung", die bis 1993 gültig blieb. Heute gelten nach gesamtdeutschen Recht Abtreibungen zwar als rechtswidrig, sind jedoch innerhalb der ersten zwölf Wochen straffrei.

Mit der Auseinandersetzung um weibliche Sexualität wurde das bis dahin immer stark zurückgehaltene Thema „Homosexualität" zum Anliegen der Frauenbewegung, das zeitgleich auch Männer für sich entdeckten. Wie die meisten Emanzipationsbestrebungen so hatte auch die bundesdeutsche Schwulenbewegung ihre Vorbilder

*Demonstration der
Friedensbewegung in
Bonn, 15.11.1977*

in den USA. Der Kampf gegen den § 175 StGB wurde mit gleicher Emphase, wenn auch zahlenmäßig deutlich weniger Involvierten geführt wie die „Aktion 218". Hier kam es 1969 und 1973 zu Reformen des aus der Kaiserzeit stammenden Paragraphen, der 1994 aus dem Strafgesetzbuch gestrichen wurde. Ein auch in anderen gesellschaftlichen Bereichen zu beobachtender Rückzug ins Individuelle sorgte seit den siebziger Jahren dafür, dass immer mehr Menschen ihre persönlichen Neigungen, Befindlichkeiten und Überzeugungen zu einem Wertmaßstab erhoben, der von der Allgemeinheit Achtung und Anerkennung einforderte. Diese Subjektivität wurde zum Motor neuer sozialer Bewegungen, die sich samt und sonders unter dem Begriff „alternativ" subsumieren las-

sen und die entscheidenden Einfluss auf Politik und Wirtschaft gewinnen sollten. Sie sind ein wesentliches Charakteristikum der siebziger und achtziger Jahre.

Zum zentralen Thema des bürgerlichen Widerstandes entwickelte sich der Kampf gegen die Atomkraft. Dabei ging es anfangs nur am Rande um Sicherheitsaspekte, wie sie spätestens seit 1975 die öffentliche Diskussion dominierten. Der Kampf gegen die friedliche Nutzung der Kernenergie begann in der studentischen Linken am Ende der sechziger Jahre und galt anfangs lediglich einer Technologie, die geeignet schien, die kapitalistische Wirtschaft des Westens zu stabilisieren. Zunächst mobilisierte die Linke ihre Anhängerschaft mit der Unterstellung, hinter dem Ausbau der Kernenergie stünde Bonns Spekulation auf die Atombombe, um in den einflussreichen Kreis der Supermächte aufzusteigen. Nuklearenergie sei grundsätzlich im Hinblick auf ihren Betreiber zu bewerten. So begrüßte z. B. die DKP den Bau neuer Kernkraftanlagen in der DDR oder der Sowjetunion als Fortschritt auf dem Weg zum Sozialismus, während sie in Westdeutschland dagegen auf die Barrikaden ging. Der Blick auf die Atomkraft änderte sich jedoch radikal mit den düsteren Prognosen der Zukunftsforscher. Seit dem Ende der sechziger Jahre warnten Wissenschaftler wie Robert Jungk, Carl Amery und Ivan Illich vor den Gefahren einer weltweiten Umweltzerstörung. Dem gesellten sich die Prognosen des Club of Rome bei. Der niedersächsische CDU-Politiker Herbert Gruhl publizierte 1975 eine auf statistischem Material beruhende zutiefst pessimistische Weltschau unter dem Titel „Ein Planet wird

geplündert". Von diesem Buch wurden in kurzer Zeit 400.000 Exemplare verkauft. Als Öko-Bilanz stellte der Bestseller eine schonungslose Abrechnung mit der konsumorientierten Wachstums-Ideologie von Politik und Wirtschaft dar, und sein Autor sollte später als „Vater der Umweltbewegung" gelten. Einen Anstoß zur kritischen Wahrnehmung der Situation hatte bereits die Ölkrise mit ihren vier sonntäglichen Fahrverboten zum Jahresende 1973 gegeben. Die staatlich verordnete Beschneidung ihrer Auto-Mobilität schockierte viele Bundesbürger, und der Glaube an grenzenloses Wachstum erlitt einen empfindlichen Knacks. Eine Zuspitzung erfuhr die Diskussion um die globale Zukunft im Streit um die Kernenergie. „Lieber heute aktiv, als morgen radioaktiv!", lautete eine griffige Devise. Damit schlug die Stunde der Bürgerinitiativen (BI).

Demonstration gegen den § 218, 1976

Geplante neue Atomanlagen z. B. in Wyhl am Kaiserstuhl (Baden-Württemberg), Brokdorf (Schleswig-Holstein), Kalkar (Nordrhein-Westfalen), Grohnde an der Weser und Gorleben (beide Niedersachsen) führten seit 1973 zu Massenprotesten der besorgten Bevölkerung. Demonstrationen in nie gekannter Größe (rund 100.000 Personen 1976 in Brokdorf, 125.000 in Kalkar 1977) fanden statt und nahmen gelegentlich gewalttätige Züge an. So gerieten am 19. März 1977 15.000 Demonstranten mit 5.000 auf dem Baugelände des geplanten Kernkraftwerkes in Grohnde aufmarschierten Polizisten aneinander. Zahlreiche Verletzte waren die Folge dieser Auseinandersetzung, die als „Schlacht um Grohnde" in die Geschichte der Anti-Atomkraft-Bewegung einging. Letztlich sind alle damaligen Projekte der Atomindustrie am öffentlichen Widerstand gescheitert. Zusammengehalten wurden die lokalen Bewegungen von einem „Bundesverband Bürgerinitiativen Umweltschutz" (BBU) als Dachverband und dem 1975 gegründeten „Bund für Umwelt- und Naturschutz Deutschland" (BUND). Über Zusammensetzung und Tätigkeit von Bürgerinitiativen äußerte sich der 2015 verstorbene Liedermacher Walter Mossmann am Beispiel Wyhl: „Einige Pfarrer spielen zeitweilig eine wichtige Rolle. Hinter der Führungsgruppe steht in manchen Zeiten fast die gesamte Region. Denn gegen Atomindustrie und Regierung kam an vielen Orten eine Art Einheitsfront zustande wie gegen ausländische Eroberer. Die Kommunikati-

on in den Dörfern ist direkt, persönlich. In heißen Phasen des Kampfes läuft die Mobilisierung mündlich: auf der Straße, im Gasthaus, auf dem Feld, im Laden, am Telefon". Staatliche Atompläne waren beileibe nicht der einzige Grund zur Schaffung von Bürgerinitiativen: Auch Straßenbaumaßnahmen, Flughafenerweiterungen, illegale Müllentsorgung, Jugendzentren, Stadtsanierungen oder Verwaltungsreformen gaben Anlass für einen prompten Zusammenschluss aufgebrachter Zeitgenossen (vgl. Kapitel „Die siebziger Jahre in der Bundesrepublik"). Personelle Verstärkung erhielten die BI's bei Demonstrationen durch „Berufsdemonstranten", die den Kampf für oder gegen lokale Projekte mit ihrem allgemeinen Protest gegen Berufsverbote, Stammheim und Verfassungsschutz verquickten. „Für die Konkursmasse der Studentenbewegung, die verhinderten Revolutionäre der ML-Gruppen, für die neuen Spontis und alten Kämpfer, für

Polizeieinsatz gegen AKW-Gegner in Brokdorf, 19.2.1977

Anti-Atomkraft Demos – Gegen das Kernkraftwerk Grohnde, 19.3.1977

die gesamte großstädtische Linke wurde die Anti-AKW- und Ökologiebewegung zu einem magnetischen Anziehungspunkt." (Manfred Kriener)

Der „Doppelbeschluss" des NATO-Rates in Brüssel vom 12. Dezember 1979 zur Stationierung neuer Mittelstreckenraketen in Europa als Antwort auf die konventionelle Aufrüstung der Sowjetunion wurde zur Initialzündung einer weltweiten Friedensbewegung. Sie sollte in den achtziger Jahre politisch bedeutsam werden, ebenso wie die Hausbesetzerszene, die Ostermarsch- und die Dritte-Welt-Bewegung sowie weitere Aktionsbündnisse, auch wenn sie sämtlich ihre Wurzeln in den Siebzigern oder sogar noch früher hatten. Ein abschließender Blick gilt dagegen zwei esoterisch-neureligiösen Bewegungen der Siebziger, die seinerzeit in jeder Stadt mittlerer Größe bis zu den Metropolen durch ihr öffentliches Auftreten ins Auge fielen: Die Hare-Krishna-Anhänger mit ihrem ge-

sungenen Mantra sowie die orange gewandeten „Sannyasin" des Bhagwan Shree Rajneesh (1931–1990). Bei beiden handelt es sich um fernöstliche Sekten, die auf Grund ihrer starken Betonung des Individuums ab 1970 in der westlichen Welt starken Zulauf fanden. Die Fokussierung auf eine „innere Erleuchtung" des Einzelnen bildete das konsequente Gegenkonzept zur allgemeinen, auf die menschliche Gemeinschaft abzielenden Politisierung. Klientel beider Sekten waren enttäuschte Weltverbesserer, Aussteiger, Hippies und junge Leute auf der Sinnsuche.

Die Hare-Krishna-Bewegung wurde 1966 von dem indischen Weisheitslehrer Prabhupada (1896–1977) in New York gegründet. Bereits drei Jahre später entstand ein erster deutscher Tempel in Hamburg. Die Sekte strebt eine Erlösung des Einzelnen durch dessen persönliche Beziehung zum hinduistischen Gott Krishna an. Der Gläubige soll vegetarisch, abstinent und weitgehend asexuell leben. Im gegenwärtigen „Zeitalter der Heuchelei" sei eine ordnungsgemäße Durchführung religiöser Rituale nicht mehr möglich, weswegen die Welt von ihrer materiellen Befleckung nur durch exstatisches Singen des Mantras „Hare Krishna ..." gereinigt werden könne. Dieses 16 Mal am Tag in 108 Repetitionen vorgetragene „Chant" übte übrigens einen erheblichen Einfluss auf die Popmusik auf (z. B. Musical „Hair").

Weit weniger streng ging es beim Bhagwan zu, dessen Bewegung in Westdeutschland in den Siebzigern als „gefährliche Jugendsekte" eingestuft wurde. Dieser indische Weisheitslehrer war der Welt durchaus zugewandt, hing an keinerlei Traditionen, war Anhänger des Kapitalismus und jeder modernen Technologie. Sein starkes Charisma verschaffte ihm aus-

gerechnet unter Feministinnen starken Zulauf. Aber auch viele Männer fühlten sich vom persönlichen Charme und Witz des hochgebildeten Gurus angesprochen und pilgerten zu Tausenden in Bhagwans Meditationszentrum („Ashram") im indischen Poona (heute: Pune). Der Bhagwan predigte innere Erleuchtung durch therapeutische Meditation, lehnte Zweierbeziehungen ab und empfahl Sex mit wechselnden Partnern. Als Anhänger des Bhagwan bekannten sich auch zahlreiche Prominente von Rudolf Bahro über Nena bis Peter Sloterdijk. Entsprechend der Offenheit ihres Meisters für den Kapitalismus begründeten „Sannyasin" Ende der siebziger Jahre zahlreiche wirtschaftlich erfolgreiche Unternehmen und betrieben u. a. zahlreiche Diskotheken.

Michael Reinbold

Holzperlenkette mit Bhagwan-Porträt und Meditationsanleitung, um 1978

Bürgerliche Wohnkultur

Über Wohnungseinrichtungen und Möbeltrends in den siebziger Jahren unterrichtet eine breite Zeitschriftenliteratur. Die seinerzeit bekanntesten Bausparkassen „BHW" (Beamtenheimstättenwerk), „Schwäbisch-Hall" und „Wüstenrot" (Werbeslogan: „Auf diese Steine können Sie bauen!") informierten ihre Mitglieder regelmäßig über neue Wohnideen, entsprechendes taten auch Zeitschriften wie „Schöner Wohnen", „Brigitte" und diverse Heimwerker-Magazine. Allerdings spiegeln die jeweiligen Einrichtungsvorschläge nur bedingt den bundesdeutschen Alltag, weil sie sich oft auf komplette Neumöblierungen beziehen, während im Durchschnittshaushalt eine Kombination von jüngeren Erwerbungen mit Altbewährtem vorherrschte.

Grundsätzlich kam es während der siebziger Jahre im Wohnbereich zu keinen gravierenden Umbrüchen, sondern zu einer modifizierten Fortsetzung der Pop-Kultur der ausgehenden Sechziger. Nach einer Zäsur sucht man vergebens. Allerdings bleibt zu konstatieren, dass mit wachsendem Wohlstand immer größerer Bevölkerungsteile auch höhere Materialqualitäten in die bürgerlichen Wohnungen Eingang

fanden. Nachkriegs- oder gar Vorkriegsmobiliar war in weiten Kreisen der Bevölkerung ausgemustert. Der Nierentisch landete als „ästhetische Entgleisung" im Sperrmüll oder auf dem Speicher, wo er seiner Wiederentdeckung im Zuge einer „Retrowelle" gegen Ende des Jahrhunderts entgegendämmerte. Allenfalls Senioren, die den modischen Wandel scheuten, oder Studenten umgaben sich um 1970 mit altem Mobiliar. Letztere ließen sich dabei nicht ausschließlich von Kostengründen leiten, sondern oft auch von einer kritischen Haltung zum schrankenlosen Konsumverhalten und zur Wegwerf-Mentalität der Bevölkerungsmehrheit.

Die zu jener Zeit einsetzende Hochkonjunktur der Trödel- und Flohmärkte sowie der „Antik"-Läden, die sich ostentativ von traditionellen Antiquitätengeschäften absetzten, war einerseits der europaweiten Nostalgiewelle verpflichtet, andererseits dem Nachhaltigkeitsgedanken. Insbesondere auf Flohmärkten blühte der Handel mit Gebrauchtmöbeln. Die Wiederentdeckung und kunstwissenschaftliche Rehabilitierung des jahrzehntelang verpönt gewesenen Jugendstils (1895–1905) hat hier ihre Wurzeln. Wenig später begeister-

ten sich viele sogar für Plüsch und Drechs-
lerarbeit des Historismus-Möbels (1850–
1900). Zu den Absonderlichkeiten in der
Einrichtungskultur der Siebziger zählt auch
die Vorliebe für Küchen-Büffets aus der
Zeit vor dem Ersten Weltkrieg, die man ab-
beizte und im Wohnzimmer aufstellte. Um-
widmung oder Zweckentfremdung von Mobiliar galten damals als originell. Dem ent-
sprachen die Weiterverwendung ausran-
gierter Autoreifen oder Schubkarren als
Blumenkübel im spießigen Vorgarten.

Die siebziger und achtziger Jahre waren
städtebaulich gesehen vor allem die Jahrzehnte der Sanierung (vgl. Kapitel „Die
siebziger Jahre in der Bundesrepublik –
Profil einer Epoche"). Dies betraf vor allem die City-nahen Vororte bundesdeutscher Großstädte, deren Altbausubstanz
nicht dem Bombenkrieg zum Opfer gefal-
len war. Hier fand in den siebziger Jahren
ein Generationenwechsel unter Eigentü-
mern und Mietern statt. Mehrgeschossige
Mietwohnhäuser aus der Gründerzeit oder
dem Jugendstil boten vor allem jungen Familien erschwinglichen Wohnraum – allerdings mit dem Manko veralteter sanitärer
Anlagen und viel zu hoher Zimmerdecken.
Letztere trieben bisweilen die Heizkosten
drastisch in die Höhe. Hier schaffte man
Abhilfe mittels Nachtspeicheröfen oder De-
ckenabhängungen. Die Außenfassaden alter Häuser erhielten oft einen mehrfarbi-
gen Anstrich, der unscheinbare Altbauten
in attraktive Schmuckstücke verwandelte.
Nicht selten wurden mit staatlichen Sub-
ventionen komplette Straßenzüge saniert,

so dass bislang unbeliebte Wohngebiete
plötzlich eine hohe Attraktivität gewannen
– vor allem bei intakter Infrastruktur. Unabhängig von der Sanierung vorhandenen
Wohnraums wurde selbstverständlich auch
in den siebziger Jahren stadtnahe Areale
mit Hochhaussiedlungen für den Massen-
bedarf bebaut, wobei im großen Stil die
Plattenbauweise zur Anwendung kam, die
heute gelegentlich fälschlicher Weise auf
die DDR reduziert wird. Ledige Menschen,
die man heute Singles nennt, bewohnten
in solchen großen Siedlungen sogenannte Appartements, komprimierte Kleinwoh-
nungen bis max. 60 qm.

Zur Senkung der Nebenkosten empfahlen
sich der Einbau von Thermopane-Fenstern,
wie sie heute Standard sind, sowie die Verkleidung von Wänden und Decken mit Pa-
neelen. In den siebziger Jahren erfreute
sich die Ausstattung ganzer Zimmer inklu-
sive Decken mit Kiefernholz großer Beliebtheit, auch wenn sich Kritiker an der
„Sauna-Atmosphäre" störten. Vor allem in
Hobbyräumen und Partykellern dominierte Holzverkleidung über Betonputz. Preis-
wert und beliebt war auch die isolierende
Verkleidung von Wänden aus Styropor mit
Kunststoffoberfläche. Für Nostalgiker hielten die in der Peripherie einer jeden deutschen Mittelstadt anzutreffenden Bau-
märkte (OBI, Praktiker, Max Bahr, Horn-
bach u.a.m.) Kunststoffkassetten und -de-
ckenleisten im historischen Stuckgips-
Imitat bereit.

Tapetenmuster gaben sich eingangs der
Siebziger immer größer und greller mit bis-

*Badezimmer mit
zwei Waschbecken,
um 1972*

weilen psychedelischem Touch. Den Tendenzen der Soft Line entsprechend dominierte die geschwungene Form, wobei Gelb, Orange, Braun und Lindgrün zu den bevorzugten Farben zählten. Als „letzter Schrei" erwiesen sich am Ende des Jahrzehnts Fototapeten mit wandfüllenden Ansichten karibischer Strände, Alpenpanoramen oder der Skyline von New York. Neben der herkömmlichen Papiertapete hatten textile Wandverkleidungen Konjunktur – oder zumindest solche in textiler Optik, die durch Reliefprägung entstand. Man bevorzugte grobe Gewebestrukturen. Auch

Feinputz ließ sich in Strukturen auftragen, wodurch eine rustikale Wirkung entstand, die zum Beispiel in Kamin-Ecken Verwendung fand. Dieses Verfahren war jedoch teurer als eine Papiertapete in Ziegelmauer-Optik, die ebenfalls zum Outdoor-Gefühl ihres Besitzers beitrug. Standard war in jeder bezugsfertigen Mietwohnung die Raufasertapete, wie sie noch heute überall angetroffen werden kann. Allerdings ging man in den siebziger Jahren vom reinen Weiß ab und überstrich diesen Tapetentyp gern farbig, wobei bisweilen in einem Raum mehrere Abstufungen ein und derselben Farbe Verwendung fanden. Generell galt es als „in", im Wohnbereich Akzente durch Kombinationen unterschiedlicher Tapeten (gemustert oder uni) und Farbflächen zu setzen.

Als Fußbodenbelag setzte sich im Wohnbereich endgültig die Auslegeware aus vollsynthetischem Velour durch. Er wurde verspannt, geklebt oder lose verlegt. Besonders gefragt war die Farbe „Zigarren- oder Havannabraun". Als preiswerte Alternative boten sich selbstklebende Teppichfliesen

an, die keine gesteigerten Ansprüche an handwerklichen Fähigkeiten stellten und daher von jedem Laien verlegt werden konnten. Ihre Haftfähigkeit war allerdings nur mäßig. Ein „Muss" für junge Leute war dagegen der flauschige griechische Hirtenteppich („Flokati") aus naturfarbener Wolle. Er wurde in unterschiedlichen Größen angeboten und fehlte in keiner „Studentenbude". Seine Vorteile bestanden im niedrigen Anschaffungspreis und seiner Waschmöglichkeit.

Partykeller, um 1972

Im Möbelbau für den geringeren Geldbeutel diente als Ausgangsmaterial die furnierte Spanplatte, nicht selten veredelt in Schleiflacktechnik. Sitzelemente wie Sessel und Couches wurden nicht mehr im herkömmlichen Sinne über Federkern aufgepolstert, sondern bestanden aus kubisch zugeschnittenen Schaumstoffen unter Textilbezügen. Als Bezugsstoffe erfreuten sich Leinwandimitate, strapazierfähige Kunststoffe sowie Cord in Breit- oder Feinausführung besonderer Beliebtheit. Nachteil des reinen Schaumstoffmöbels war allerdings seine begrenzte Haltbarkeit. Je nach Qualität begann sich der Kern bereits nach wenigen Jahren zu zersetzen – mehr als zehn Jahre waren solchen Trendmöbeln selten beschieden. Wer über einen größeren Geldbeutel verfügte, erwarb Sitzelemente aus Edelstahl, deren Polster z. B. mit Büffelleder bezogen waren. Obligatorisch gehörte zur Couch bzw. zur Sitzecke ein niedriger Tisch, meist mit Glasoberfläche auf einem Rahmengestell aus Holz

*Wohnzimmer
mit Schrankwand,
um 1972*

oder Edelstahl. Die Ecken waren in der Regel abgerundet.

Weite Verbreitung fanden Regalsysteme bestehend aus zweiteiliger Wandhalterung sowie beschichteten Resopalplatten. Diese Systeme waren nach Belieben ausbaufähig und ersetzten mit geringen finanziellen Mitteln die herkömmliche Schrankwand. Gern fanden sie als Alternative für den kostspielen Bücherschrank Verwendung. Die Wandhalterung aus metallenen Lochleisten und Einsteckhaltern erlaubte die Höhenverstellbarkeit der Regalbretter. Die an der Wand zu verschraubenden senkrechten Lochleisten ließen sich sogar so weit in Paneelverschalungen integrieren, dass sie beinahe unsichtbar wurden.

Zu den Neuerungen gehörten auch stromführende Schienen für Deckenstrahler, ein Beleuchtungsprinzip aus dem Messe- und Ausstellungswesen. Innerhalb der Schienen ließen sich Strahler in Reihe montieren, die für eine großflächige Ausleuchtung einzelner Wände oder ganzer Wohnräume führten. Typisch für die siebziger Jahre war vor allem der Dreipunktdeckenstrahler. Aber auch indirektes Licht durch Leuchtstoffröhren hinter den Gardinenaufhängungen kam mehr und mehr in Mode. Ganz vergessen scheint heutzutage allerdings das blaustichige Pflanzenlicht, das vorzugsweise für die ebenfalls als Spezialität der Siebziger geltenden Hydrokulturen verwendet wurde. Absolute Modepflanzen waren damals Zyperngras, Yukka-Palme und Ficus Benjamini. Sie waren anspruchslos und pflegeleicht. Man traf sie nicht nur in privaten Haushalten, sondern auch in nahezu jedem deutschen Großraumbüro an. Die heute inflationär auftretende Orchidee galt dagegen in den siebziger Jahren als exotischer Luxusartikel, der nur selten in Blumenläden erhältlich war.

Großer Nachfrage erfreuten sich vor allem in Jugendzimmern seit den Sechzigern farbige Möbel aus Kunststoff im Op Art-Stil. Für Kinder bot der Markt spezielle „Verwandlungsmöbel", z. B. solche, die als Spiel- und Schreibmöbel benutzt zugleich aber auch die Funktion eines Besucherbettes wahrnehmen konnten.

Bei den Fensterverkleidungen blieb vieles beim Alten: In bürgerlichen Kreisen waren nach wie vor Tüllgardinen und Stores aktuell. Vor allem ardo-Gardinen (Slogan: „die mit der Goldkante") waren durch entsprechende Fernsehwerbung mit der populären Schauspielerin Marianne Koch sehr bekannt. Im Unterschied zu früheren Jahren wurden allerdings die Tüllgitter weiter und lichtdurchlässiger.

Eine Erfolgsgeschichte sondergleichen schrieb die schwedische Möbelfirma IKEA, die 1974 in München-Eching ihre erste deutsche Filiale eröffnete und nach wenigen Jahren bundesweit präsent war. Der Unternehmer Ingvar Kamprad (Jg. 1926) vertrieb seit etwa 1950 Wohnaccessoires und moderne Möbel in zerlegter Form, die der Interessent in Selbstbedienung erwerben, im eigenen PKW transportieren und nach mitgeliefertem Bauplan zu Hause montieren konnte. Zeitweise durch heimische Möbelhersteller boykottiert, hatte IKEA bereits 1961 seine Produktion aus Schweden in den Ostblock verlagert (was dem westlichen Käufer damals allerdings nicht bekannt war) und konnte auf diese Weise die Herstellungskosten sehr gering halten. IKEA steht seit 1974 auch in der Bundesrepublik für preisgünstige Möbel im skandinavischen Design. Letzteres war bereits in den fünfziger Jahren in Westdeutschland sehr begehrt, aber für viele Interessenten unerschwinglich. Typische IKEA-Kunden sind junge Familien und Stu-

denten. Das Prinzip von Selbstmontage und ggf. Rückmontage hatte Kamprad zwar lediglich eingeführt, um die Flut an Reklamationen der bis 1956 im Postversand beförderten Möbel einzudämmen, doch erwies es sich im Zeitalter zunehmender Mobilität als besondere Attraktion: Der Umzug eines kompletten Wohnensembles aus IKEA-Möbeln ließ sich durchaus mit einem Kleintransporter bewerkstelligen. Zu den frühesten und nach wie vor lieferbaren „Klassikern" der IKEA-Möbelserie zählt das Bücherregal "Billy", das in hunderttausenden von Exempla-

Wohnzimmer mit Sitzecke, um 1972

ren in deutsche Wohnzimmer Eingang gefunden hat.

Der Bauboom der siebziger Jahre betraf insbesondere auch den Sektor Eigenheim. Verglichen mit früheren Jahren wuchs der Raumbedarf. Hatten Eigenheime in den ersten Jahren der Bundesrepublik noch bescheidene 80 qm für vierköpfige Familien vorgesehen, so wurden zwanzig Jahre später bereits rund 120 qm für die gleiche Personenzahl eingeplant. Das eigene Zimmer für jedes Kind war mittlerweile, sofern es sich nicht um eine vielköpfige Familie handelte, obligatorisch geworden. Auf jeden Fall zählte es seit 1971 zu den Forderungen des Familienministeriums. Auch ein sogenannter Hobbyraum für Freizeitaktivitäten im Kellergeschoss gehörte zu den Selbstverständlichkeiten, wenn neu gebaut wurde. Vergleicht man Grundrisse bundesdeutscher Eigenheime aus mehreren Jahrzehnten, so fällt auf, dass in den siebziger Jahren zunächst die Küchen, am Ende des Jahrzehnts auch die Bäder größer wurden. Die Gründe liegen in veränderten Lebensgewohnheiten: Die Küche entwickelte sich wieder zu einem geselligen Ort für die ganze Familie („Wohnküche"), nahm also nach einer längeren Phase eher stiefmütterlicher Behandlung durch die Architekten wieder eine soziale Funktion wahr. Im selben Maße, wie das Kochen seinen bloßen Versorgungscharakter überwinden und zum trendigen Freizeitvergnügen stilisiert werden konnte, wuchs auch die Bedeutung des dafür vorgesehenen Raumes. Im Grundriss fand sich die Kü-

che wie eh und je neben dem Wohnzimmer, doch entfiel jetzt die seit den zwanziger Jahren als höchst praktisch empfundene „Durchreiche". Auch diese Änderung war dem Zeitgeist geschuldet: Der herrschaftliche Charakter einer „Durchreiche", die zwar Wege verkürzte, aber vor allem das Küchenpersonal unsichtbar machte, widersprach dem Demokratieverständnis der Siebziger. Hohe Popularität genoss jetzt, was noch zehn Jahre früher als Verlegenheitslösung empfunden worden wäre: Wohnbereich und Küche im gemeinsamen Großraum. Die vollautomatische Küche – keine Kochnische! – mutierte in bürgerlichen Kreisen während der siebziger Jahre zu einem eleganten Experimentierlabor, dessen Repräsentationswert mit dem des Wohnzimmers gleichziehen konnte, sofern das Küchenensemble auf so renommierte Markenhersteller wie Bulthaup oder Poggenpohl zurückging.

Auch das Badezimmer erhielt eine neue Bedeutung. Als bloßer Nutzraum war es früher so klein wie möglich gehalten worden, jetzt vergrößerte sich seine Fläche auf Kosten der Schlafzimmer: Die Körperpflege spielte im Zuge der sexuellen Revolution der Sechziger eine maßgebliche Rolle. Ab Mitte der siebziger Jahre fanden sich immer häufiger auch in bundesdeutschen Neubauten voll gefliste Bäder mit Bidets und doppelten Waschbecken. Letztere lassen den Wandel im Umgang der Geschlechter deutlich werden, denn eine gemeinsame Badbenutzung mehrerer Personen eines Haushaltes wä-

Wohnzimmer in der renovierten Mansarde, um 1972

re zehn Jahre früher als unangemessen empfunden worden. Wahlweise standen sowohl Dusche als auch Badewanne zur Verfügung. Gerade die Dusche mit ihrem der Wanne gegenüber geringeren Wasserverbrauch, der auch eine mehrmalige Nutzung am Tag begünstigte, wurde außerordentlich populär. Bisweilen fand sich übrigens sogar ein Rattansessel im Badezimmer – sprechender Ausdruck einer veränderten Einstellung zum Bad, das nicht mehr als Ort galt, an dem man sich so kurz wie eben nötig aufhielt.

Wer als Eigenheimbesitzer auf sich hielt, verfügte über einen Partykeller mit Hausbar. Glaubt man den Berichten von Zeitzeugen, dann wurde zu keiner Zeit so viel gefeiert und in geselligem Kreis Alkohol verzehrt wie in den siebziger Jahren. Der Vorteil eines solch speziellen Ortes des Feierabend- oder Wochenendvergnügens bestand darin, dass abgesehen vom Gläserspülen und Leeren der stets wohlgefüllten Aschenbecher „am Tag danach" kaum nennenswerte Aufräumarbeiten getätigt werden mussten. Auch brauchte der Partykeller nicht eigens geschmückt oder festlich hergerichtet zu werden – die Atmosphäre animierte allemal zum Tanzen und Trinken.

Michael Reinbold

Positionen des Designs in den Siebzigern

Zu Unrecht wird dem Design der siebziger Jahre oft im Vergleich zum vorhergehenden sowie dem nachfolgenden Jahrzehnt Ideenlosigkeit vorgeworfen. Vielmehr reagierten die professionellen Gestalter sensibel auf die vielfältigen gesellschaftskritischen Strömungen, ihrer Zeit. Noch bevor es in der Bundesrepublik ab 1973 zu einem vertieften Verständnis für die akute Gefährdung der Umwelt kommen sollte, sah sich das Design bereits diesem Thema verpflichtet. Die Plastikfabrikation der mittleren bis ausgehenden sechziger Jahre hatte die Wegwerf-Mentalität der Bundesbürger nahezu ins Uferlose gesteigert, war doch Plastik im Gegensatz zu Holz ein preiswertes Verbrauchsmaterial. Die aus leidvoller Erfahrung resultierende Einstellung, man dürfe die eigenen Kinder nicht mit unmodern gewordenen Gebrauchsgegenständen der Vorgängergeneration belasten, leistete dem übereifrigen Entsorgen bereitwillig Vorschub. Auf der anderen Seite kritisierten Verbraucher in den siebziger Jahren verstärkt einen „eingebauten Verschleiß" und die Nicht-Reparierbarkeit von technischen Geräten des Industrie-Designs, dem der Werkbund mit dem Projekt „Langzeitpro-

dukt" zu begegnen suchte. Hauptursache des Übels waren auch bei Markenartiklern die ständig sinkenden Preise: „Grundsätzlich wird heute eher versucht, ein Produkt billiger zu machen als bewusst Verschleiß einzubauen", stellt 1977 der spätere Professor für Gestaltung an der Hochschule Pforzheim Klaus Limberg fest. „Verbrauchermarkt-Bewusstsein zwingt viele Hersteller, ihre Produkte so billig wie möglich – nicht wie nötig – zu bauen. Was daraus resultiert, sind Produkte, die von vornherein die Mindestanforderungen an Funktion unterschritten haben." Zugleich warnten Designer vor einer „Übererfüllung" der Funktion, wenn die Lebensdauer vom Verbraucher gar nicht benötigt würde. Mit zunehmender Haltbarkeit müssten die Herstellungskosten steigen, hieß es. Gedacht wurde im eigenen Interesse aber auch an wechselnde Moden, die den Gestaltern neue Möglichkeiten für altbekannte Produkte eröffneten.

Mit Beginn des neuen Jahrzehnts standen nach einer Publikation im „kursbuch" (1970) die bereits 1963 im Radio vorgestellten, marxistisch beeinflussten Thesen von Fritz Haugs „Kritik der Warenästhetik" im Fokus der seit langem anhaltenden

*Klappzahlenwecker
mit integriertem
Radio, 1972*

Formalismus-Debatte unter den deutschen Designern. Haug hatte letztere scharf angegriffen und als Handlanger der Industrie diskreditiert, die lediglich für die Gewinnmaximierung ihrer Auftraggeber tätig seien und Produkte schufen, deren tatsächlichem Gebrauchswert ein übertriebener Gebrauchswertanschein gegenüberstünde. Diese akademische Auffassung ging einher mit einer allgemeinen Konsumkritik, die von rebellierenden Studenten und vielen jungen Leuten geteilt wurde und im Einzelfall bis zur totalen Konsumverweigerung führen konnte. Im Zuge dieser Diskussion versuchten sich Designer immer mehr den Forderungen der Industrie zu verschließen und konzentrierten sich auf „environmental de-sign" oder „public design", womit eine stärkere Verantwortung gegenüber individuellen Bedürfnissen, ja sogar der Weltgemeinschaft als Ganzer gemeint war. Unter diesem gewaltigen Anspruch wurde die 1968 geschlossene „Hochschule für Gestaltung" (HfG) in Ulm als „Institut für Umweltplanung" (IUP) bis zu ihrem endgültigen Aus im Sommersemester 1972 weitergeführt. Die Idee der Gründer, im Interesse des weltumspannenden Themas „Umwelt" kein eingeschränktes Spezialistentum („Fachidioten") mehr zu fördern, sondern interdisziplinär im Rahmen eines „Postgraduate"-Studiums nach amerikanischem Muster zu forschen, ließ sich damals in Deutschland allerdings noch nicht verwirklichen.

Zugleich entstand ein „Internationales Design-Zentrum e.V." in Berlin unter Federführung des Berliner Senats, des Rates für Formgebung (RfF) und dem Gestaltkreis des Bundesverbandes der Deutschen Industrie. Während die Industrie im Sinne der nationalen Wirtschaft auf klassische Leistungsschauen und die Verbesserung westdeutscher Produkte auf dem Weltmarkt hoffte, so hieß es doch sehr allgemein im § 2 der Vereinssatzung, es solle mit dem IDZ „ein Mittelpunkt geschaffen werden für die Förderung der guten Gestaltung von Erzeugnissen, die Aufklärung über die ästhetischen, soziologischen, technischen und ökonomischen Zusammenhänge des Design, eine internationale Aussprache über die Probleme der Umweltgestaltung im Gedankenaustausch mit Wissenschaft und Kunst sowie Wirtschaft und Verbraucherschaft." Das waren zwar tönerne Worte, doch erwies sich in der Praxis bereits 1973, wie wirkungsvoll das IDZ seine Vorstellungen von einer Welt, die nicht von dogmatischen Designern gebastelt wurde, mit Hilfe des alternativen US-amerikani-

Fernseher im Sputnik-Look, 1970er Jahre

schen Designers Victor Papanek (1923–1998) deutlich machen konnte: Während im Untergeschoss des IDZ-Gebäudes die Jahresausstellung des Bundespreises „Gute Form" mit dem Thema „Grundbedürfnisse im Wohnbereich" gezeigt wurde, präsentierte man im Stockwerk darüber die Sonderausstellung „Design yourself. Möbel für den Grundbedarf des Wohnens – selbst entworfen, selbst gebaut." Zu sehen waren Laienentwürfe und deren Realisie-

Vision 2000, Design Thilo Oerke für Rosita Tonmöbel, 1971

rungen, darunter mehrfunktionale Steck- und Verwandlungsmöbel. Manche Ideen stammten aus der „Wohnen"-Rubrik der beliebten Frauenzeitschrift „Brigitte". Für eine persönliche Beratung standen interessierten Besuchern eigens Innenarchitekten zur Verfügung. Der Erfolg dieser Ausstellung war riesig. In der Zeitschrift „form" hieß es: „Noch nie wurde so unbefangen und konstruktiv über das vielzitierte soziale Design diskutiert – mit den als emanzipiert verstandenen Betroffenen." Der Verbraucher galt hier nicht mehr als einer, der mit erhobenem Zeigefinger zur „guten Form" erzogen werden musste, wie es sich einst Werkbund und Bauhaus auf die Fahnen geschrieben hatten und es die Industrie nach wie vor glaubte. Die Ausstellungsmacher schätzten ihn vielmehr als Verbraucher, der seine Bedürfnisse selbst kannte und über hinreichend Kreativität verfügte, um sie sich individuell zu erfüllen. Zum wichtigen Schlagwort avancierte das „ad hoc-Design": Dieser Begriff wandte sich gegen die herkömmliche (funktionalistische) Designauffassung und ging davon aus, dass Bedürfnis und Zweck „ad hoc" (lat.: im Augenblick) intuitiv erkannt und ohne Rücksicht auf Konventionen umgesetzt werden könnten. Im Grunde handelte es sich um eine Konfrontation von „Low Tech" und „High Tech".

Im November 1973 erlitt die allzu optimistische Einschätzung eines ungehinderten Wachstums in breiten Bevölkerungskreisen einen Schock: Die erste Öl-Krise im Zusammenhang mit der Nahost-Pro-

Grundig-Receiver im Space-Design, 1972

blematik brachte vier sonntägliche Fahrverbote. Plötzlich schienen jene düsteren Prophezeiungen nicht mehr allzu absurd, die der Club of Rome bereits 1972 auf der Basis von Computerauswertungen wissenschaftlicher Befunde im Report „Die Grenzen des Wachstums" angekündigt hatte. Sofern keine freiwillige Konsum- und Wachstumsbeschränkung erfolge, hieß es da, stünde ein katastrophaler Zusammenbruch Menschheit und Umwelt bevor. Diese Warnungen waren jetzt Wasser auf die Mühlen umweltbewusster Designer. Überdies bedeutete Öl-Krise auch Kunststoff-Krise, weil Plastik zu den Ausgangsprodukten aus ungesättigten Kohlenwasserstoffverbindungen (Erdöl, Kohle, Erdgas) zählt. Auch im weiteren Verlauf eines durch die Ölkrise angeheizten öffentlichen Diskurses erwies sich das Berliner IDZ als „alternativ". So erhielt 1977 die Offenbacher Design-Initiative DES-IN um Jochen Gros (Jg. 1944) Gelegenheit zu einer Ausstellung („Neues Gewerbe und Industrie"), die nicht mehr Konsumobjekte, sondern Objekte der Konsumverweigerung zum Thema hatte. Mit Hilfe von Bild- und Tonträgern sowie einzelnen Exponaten wurden alternative Wohn- und Lebenskonzepte vorgestellt, die die Ausstellungsmacher bei vorbereitenden Besuchen subkultureller „Szenen" (z. B. Freistaat Christiania in Kopenhagen) kennen gelernt hatten. In den Fokus rückten Entwurf, Herstellung und Vertrieb von Recycling-Produkten: Ein Sofa aus alten Autoreifen und Aufbewahrungsmöbel aus Teekisten erregten Aufsehen, zum Teil Begeisterung, aber selbstverständlich auch herbe Kritik. In Fachkreisen wurde „furchtbarer Dilettantismus" beklagt, der verzweifelt versuche, „seine Legitimation aus dem Spaß zu ziehen, der angeblich bei der

Produktion gewonnen würde". Dabei wird freilich der starke Eindruck übersehen, den die legendäre Meadows-Studie „Die Grenzen des Wachstums" auf die Gruppenmitglieder von DES-IN gemacht hatte. „Wir werden objektiv ärmer an Rohstoffen", heißt es dazu in einer Stellungnahme, „die wir zudem unter immer mehr Menschen aufteilen müssen, und unsere Umwelt unterliegt einem objektiven Zerstörungsprozess durch immer mehr Industrie- und Konsumabfälle. Dieser materielle Wandel muss auch Auswirkungen haben auf unser bewusstes Sein, auf unser Bewusstsein bzw. auf unsere Symbolsysteme, in denen wir denken und fühlen, d.h. natürlich auch auf unsere präsentativen Begriffe, auch auf Industriedesign." DES-IN ver-

folgte des Weiteren Überlegungen zur Befriedigung nicht-materieller Bedürfnisse durch Erweiterung des Funktionalismus um emotional-sinnliche Aspekte. Jochen Gros dachte insbesondere an Ornamente aus plastischer Typographie. So konstruierte er z. B. einen Metallkoffer aus wiederverwertetem Blech mit dem Schriftzug „des-in produkt 1974" im Relief. Manche Produkte traten gar mittels Beschreibung ihrer Eigenschaften als Werbeträger für sich selbst auf. In welchem Maße Gros' Idee von Emotionalität durch Schrift seit dem Ende des 20. Jahrhunderts namentlich in der Mode zu Statussymbolen führen sollte, war damals noch kaum absehbar.

Im Bereich des Industriedesigns wurden in den siebziger Jahren jene Wege konsequent weiter verfolgt, die bereits seit den fünfziger Jahren erfolgreich beschritten worden waren. So steht z. B. für das Design der Elektrofirma Braun nach wie vor der Name Dieter Rams (Jg. 1932), an dessen Seite die gleichfalls außerordentlich kreativen Köpfe Gerd A. Müller (1932–1991), Dietrich Lubs (Jg. 1938) und Florian Seiffert (Jg. 1943) arbeiteten. Zeitlos elegante Hi-Fi-Komponenten, Taschenrechner, Küchen- und andere elektrische Geräte sind untrennbar mit diesen Namen verbunden. Müller hatte übrigens gegen Ende der siebziger Jahre besonders großen Erfolg mit der Gestaltung der Schreibgeräte der Fa. LAMY, die bis heute den Status von Design-Klassikern behaupten.

Als Ausnahmeerscheinung kann der in Deutschland aufgewachsene und von 1955 bis 1981 in Westberlin und in Nordrhein-Westfalen tätige Luigi Colani (Jg. 1928) (vgl. Kapitel „Luigi Colani und das Design der Siebziger") gelten. Er machte sich als Meister der aerodynamischen und biomorphen Gestaltung („Biodesign") ei-

nen Namen. Zunächst für die Autoindustrie tätig, designte Colani seit den sechziger Jahren in Aufsehen erregender Weise auch alle Arten von Gebrauchsgütern. Insbesondere ist die „Kugelküche" für den Küchenmöbelhersteller Poggenpohl (1971) zu nennen. Doch auch Badezimmerarmaturen und Elektrogeräte für den Hausgebrauch stammen aus der Ideenschmiede Colanis. Allerdings galt sein Hauptaugenmerk auch in den Siebzigern der Fahrzeug- und Luftfahrtindustrie, für die er zahlreiche Produkte kreierte, die jedoch meist nicht in Serie gingen, sondern als Prototyp die Bicke der Besucher von Industriemessen auf sich zogen. Colanis Lebenswerk kennzeichnet eine organische Formensprache, die aus ergonomischen Erwägungen heraus häufig stark gerundet ist und keinen rechten Winkel kennt. Mit seinen energiesparenden, aerodynamischen Formen entsprach Colani durchaus dem Zeitgeist der Siebziger-Jahre-Modeströmung „Soft Line", die sich bewusst vom „hard edge" der beiden vorangegangen

regie 510 Hifi, Stereo Tuner-Verstärker, 1972

Jahrzehntes absetzte. Die Karosserieformen der Automobilindustrie jener Zeit ließen die veränderte Anschauung für jedermann augenfällig werden. Nicht zuletzt resultierte die „Soft Line" in ihrer sinnlichen Orientierung – so erkannte es bereits Designkritiker Herbert Lindinger – aus der Nostalgie-Welle der frühen siebziger Jahre mit ihrer Sehnsucht nach Geborgenheit und heiler Welt. Auch ein verändertes Umweltverständnis partizipierte an dieser Entwicklung, nahm man doch wahr, dass die Natur, als deren Teil der Mensch sich wieder zu empfinden anschickte, eben nicht rechtwinklig-kantig „arbeitet". Folglich dominierten anstelle der „Kantenbrechungen" der sechziger Jahre mit einem Mal große, weiche Radien über einer freilich weiterhin auf Rechtecken basierenden Grundstruktur. Auch zeigte sich im Alltagsdesign ein starker Zug zum Skulpturalen mit konkav/konvexen bzw. positiv/negativen Wechselspielen.

Schreibtischlampe „Tizio", Artemide, 1972

Der deutsche Verbraucher sah sich weiterhin auch in starkem Maße mit ausländischem Design konfrontiert, das häufig „moderner" und origineller daherkam als heimische Produkte. Neben Fernost und Skandinavien genoss vor allem Italien ein hohes Renommee für gestalterische Innovation. Allerdings darf nicht vergessen werden, dass es sich bei einem der bekanntesten und erfolgreichsten „italienischen" Designer um den Münchner Richard Sapper (Jg. 1932) handelte, der von 1958 bis 1977 mit Marco Zanuso (1916–2001) zusammenarbeitete. Sapper entwarf z. B. für die Firma Artemide die „Tizio-Tischleuchte", die heute zu den Kultobjekten des modernen Designs zählt und eine der meist verkauften Lampen überhaupt darstellt. Auch seine „Espressomaschine 9090" von 1978 für Alessi ist ein unvergessener Klassiker. Im Übrigen wich allerdings das weltweit hochgeschätzte italienische „bel design" der fünfziger und sechziger Jahre einem politisch motivierten „radical design". Im „studio alchimia" sammelten sich um Ettore Sottsass (1917–2007), den bekannten Olivetti-Designer, eine Reihe von Gestaltern, die gegen den als kalt empfundenen Zweckrationalismus des Industriedesigns angingen, indem sie die Verbindung von Form und Funktion generell in Frage stellten. Unter Einfluss der Pop Art kam es zu spielerischen Gestaltungen wie

z. B. dem „Micky-Maus-Tisch" (Sottsass 1972) für das Unternehmen Bonacina, der einen emotionalen Bezug des Besitzers zum Gegenstand entweder bereits voraussetzte oder erst schaffen wollte. Der Gag eines derartigen Entwurfs unterband freilich auf Dauer den nachhaltigen Erfolg des dezidierten „Anti-Designs".

Michael Reinbold

Espressomaschine 9090 Alessi, 1978

Luigi Colani und das Design der Siebziger

In den siebziger Jahren wird der Designer Luigi Colani zum Paradebeispiel für den Wandel der Designauffassung in Deutschland. Als Material für seine Entwürfe nutzte er zu Beginn hauptsächlich Kunststoffe. Diese waren bereits in den sechziger Jahren das bevorzugte Material vieler Designer. Bedingt durch den harten Wettkampf der damaligen Supermächte UdSSR und USA um die strategische Vormachtstellung im Weltraum und der damit verbundenen Forschung wurden große Fortschritte im Bereich der Kunststoffe erzielt. Dies hatte zur Folge, dass letztere auch in allen Bereichen des Alltags eingesetzt wurden. Mit diesem Material wurde es überhaupt erst möglich, komplizierte Verformungen, z.B. organische Formen auf preiswerte Art und in Massen zu produzieren. Klassische Materialien im Möbelbereich wie Holz oder Metall boten gar nicht diese Möglichkeiten, waren zu kompliziert und zu teuer zu verarbeiten. Der durch die Raumfahrt mitbedingte extrem schnelle Fortschritt in vielen technischen Bereichen fand seinen populären Höhepunkt, als den Amerikanern 1969 die erste Mondlandung gelang. Dieses Ereignis wurde in der Presse als Jahrtausendereignis bezeichnet oder mit Columbus' Entdeckung Amerikas verglichen. Die Technikeuphorie, die dadurch ausgelöst wurde, wird besonders deutlich, wenn man die zahllosen Zukunftsprognosen und -visionen in Publikationen der Zeit betrachtet. Doch führten diese sehr schnellen technischen Entwicklungen gleichzeitig auch zu einer allgemeinen Verunsicherung. Schon allein an der Handlung zahlloser Science-Fiction-Filme aus diesem Zeitraum – das populärste Beispiel ist sicher Stanley Kubricks „2001 – Odyssee im Weltall" – lässt sich belegen, dass die rasende technische Entwicklung auch Ängste auslöste, die Technik könne außer Kontrolle geraten. Es ist also keineswegs verwunderlich, dass gerade in solchen Phasen der schnellen technischen Entwicklung Designer immer wieder versuchen, Technik der Natur anzunähern oder anzupassen. An vielen Entwürfen Colanis wird deutlich sichtbar, dass für ihn Entwerfer aus der Zeit des Jugendstils, wie Antoni Gaudí und Henry van der Velde, Vorbildcharakter hatten. Ebenso wie diese versuchte er, der Technik mit Hilfe von Anlehnungen an die Natur eine menschlichere und sinnlichere Form zu geben. Seit Beginn der Industrialisierung besteht ein stetiges Wechselspiel zwischen Designern, die sich an dem rein rationalen, technischen Minimalismus oder an den Formen der Natur orientieren.

Durch die Verwendung von Positiv-Negativ-Formen erhielten Colanis Entwürfe oft einen skulpturalen Charakter, der die Grenzen zwischen Design- und Kunstobjekt verschwimmen ließ. 1972 entwarf er den Stuhl „Zocker", eine Sitz-Pult-Kombination für Kinder von zwei bis acht Jahren. Dieser ist allein schon ein Meilenstein der Designgeschichte, da er der erste Kinderstuhl war, der von Beginn an als solcher entwickelt wurde und nicht aus einer Verkleinerung eines bereits entwickelten Erwachsenen-Stuhls entstand. Kurz darauf kehrte Colani in diesem Fall sogar das bishe-

Plakat und Werbeprospekt „Der Colani Top System, 1973

rige Prinzip um und entwickelte aus dem Kinderstuhl einen Stuhl für Erwachsene. Bei beiden verwendete Colani das Positiv-Negativ-Prinzip, verzichtete ganz auf eine Rückenstütze und konzentrierte sich nicht auf ein entspanntes Zurücklegen, sondern auf ein Aufstützen des nach vorne geneigten Oberkörpers. Die Oberflächen beider Stühle sind nicht spezifisch ausgeformt, so dass – obwohl es eine Idealposition gibt – auch andere bequeme Sitzpositionen möglich sind. Auf einem Werbeplakat demonstrierte Colani selbst in über 20 verschiedenen Positionen die Vielfalt der Sitzmöglichkeiten auf dem Erwachsenenstuhl. Peter Dunas schrieb dazu: „Eng verknüpft mit dem Bemühen um eine ergonomische Gestaltung ist z.B. bei Sitzmöbeln eine Formgebung, die Bezug auf die Anatomie des Menschen nimmt. Dabei hat es sich erwiesen, dass bei längerem Sitzen eine die Wirbelsäule unter- und abstützende Maßnahme nicht nur als bequem empfunden wird, sondern darüber hinaus Haltungsschäden (Wirbelsäulenverkrümmung) vorbeugt. Gefragt ist eine Formgebung, die der positiven Körperform eine möglichst angepasste, sich anschmiegende Negativform gegenüberstellt." Colani selbst sagte zu seinem Entwurf des „Zockers" in der Zeitschrift „Schöner Wohnen": „Der in gelöster Stellung leicht nach vorn geneigte Mensch stützt über die Ellenbogen die Schulterbrücke derart ab, dass die Wirbelsäule entlastet wird. Die in dieser Stellung frei bleibenden Hohlräume habe ich ausgegossen und stilistisch zu einem Sitz-

gerät überarbeitet [...]. Und Walter Diem meinte: „Benutzt man den Stuhl im Reitersitz, zeigt er sich von seiner besten Seite, weil man den Oberkörper mit den Ellenbogen auf dem Pult abstützen kann."
Colani behauptet, er hätte schon als kleines Kind häufig mit Ton und Knete gespielt und modelliert. Vielleicht erklärt dies seine besondere Vorliebe für negative Handformabgüsse. Der These van de Veldes, dass den negativen Formen eine ebenso große Bedeutung zugemessen werden müsse wie den positiven, entspricht Colani wohl wortwörtlich, denn die positive Form der Hand bewirkt die gesuchte Form, das Negativ also ihren Abdruck. In diesem Bereich gibt es zahllose Beispiele von Produkten und Entwürfen Colanis: Verschiedene Gläser und Flaschen, Griffe für Schaltknüppel und Lenker von Fahrzeugen

Luigi Colani, Meditationsstuhl, 1973

und Flugzeugen, Feuerzeuge, Griffe für Scheren, Farbrollen und Sportpistolen etc. Auch „Ylem", die erste große Publikation über Colanis Werk in Form eines Kunststoffkoffers mit lose angeordneten Seiten, hat einen extra von ihm entworfenen anatomischen Tragegriff. Dieses Buch verdeutlicht Colanis Idee von radikaler Designerneuerung und seine an die Natur angelehnten Utopien. Es beinhaltet neben Entwürfen von Möbeln und Fahrzeugen, Visionen von Verkehr und ökologischen Transportsystemen sogar Themen, wie befreite Sexualität in Verbindung mit utopischen Wohnmodellen. Des Weiteren werden die Sanitärkeramik-Serie für Villeroy & Boch und die dazu passenden Armaturen für Grohe vorgestellt. Mit diesen Entwürfen re-

Luigi Colani, Zocker, Top System, Burkhard Lübke, 1972

volutioniert Colani die Nutzräume Toilette und Badezimmer und wandelt sie zu gemütlichen und angenehmen Aufenthalts- und Wohnräumen um.

Im Jahr 1973 wird Deutschland von der Ölkrise mit den spektakulären „autofreien Sonntagen" aufgerüttelt. Plötzlich wird jedem Bundesbürger klar, dass der Rohstoff für Kunststoffe nicht endlos verfügbar ist. Gleichzeitig beginnt man verstärkt über Umweltverschmutzung nachzudenken (vgl. Kapitel „Die siebziger Jahre in der Bundesrepublik – Profil einer Epoche"). Dadurch werden Kunststoffprodukte eine Zeit lang unpopulär und eine Besinnung auf nachwachsende Rohstoffe setzt ein. Nun liegt Colani mit Möbelentwürfen aus Holz weiter im Trend. Beim Kauf des 1975 für Top-System entworfenen Kinderschreibtischs „Tobifant" wurde auf ausdrücklichen Wunsch Colanis ein Kilo Knete zugegben, um die Kreativität der Kinder zu fördern. Solche ungewöhnlichen Aktionen sorgten für eine erhöhte Aufmerksamkeit und Berichterstattung in der Presse. Überhaupt sorgt Colani mit unerwartet provokantem Auftreten in Interviews und Publikationen immer wieder für eine breite Wahrnehmung in der Öffentlichkeit. Einerseits erinnert sein Auftreten an die Parolen von Studentendemonstrationen und politischen Subkulturen, anderseits gleicht es dem eines Popstars. Sogar sein markantes Aussehen mit langen Haaren und auffälligem Bart macht er zu einem Markenzeichen. Sowohl sein Name als auch sein Konterfei, zum grafischen Signet reduziert, findet sich auf vie-

len der von ihm entworfenen Produkte wieder. So gelingt es ihm sehr schnell, der international bekannteste deutsche Designer dieser Dekade zu werden.

Im März 1978 erschien im Wochenjournal „Stern" der Beitrag „Colanis Blech Kritik". Im Text heißt es „Luigi Colani, einfallsreicher und vorwitziger deutscher Designer, übt mit seinem Zeichenstift Stilkritik an zehn neuen Autos. Speziell den deutschen Autobauer hält er Kopier-Trend vor: Die meisten Wagen sehen sich zum Verwechseln ähnlich. Colani meckert aber nicht nur, er baute auch diesen Anti-Porsche." Mit an Satire grenzenden Bemerkungen skizziert er die Schwächen der dort abgebildeten Fahrzeuge. Selbstverständlich brachte ihm diese Vorgehensweise keine Sympathie seitens der Industrie ein. Die Presse reagierte aus Rücksicht auf ihre Anzeigenkunden, indem sie seine Kommentare abschwächte oder erst gar nicht veröffentlichte.

Heutzutage nennen aktuelle Designer wie Karim Rashid und Ross Lovegroove Colani als Vorbild. Dazu schreibt Albrecht Bangert, nicht Colanis „unzählige Einzelleistungen und Einzelvisionen [seien] von großem Interesse", sondern vielmehr „die Haltung hinter allen Entwürfen, die heute unter anderen Voraussetzungen wieder aktuell" würde. Colanis Blick auf die natürliche Form stünde dabei im Mittelpunkt. „Seit

eine jüngere Generation von international tätigen Designern und Architekten sich heute Computer gestützt wieder auf die Urformen der Natur beruft, wird Colani in seiner Rolle als Visionär und Prophet bestätigt. Allein die Wahlverwandtschaft im Denken zu den neuen Design- und Architekturauffassungen wird ihm auf internationalem Parkett auch weiterhin Aufmerksamkeit und Würdigung bringen."

Gerd Siekmann

Luigi Colani, Buchobjekt „Ylem", 1971

Melitta-Service – ein Resonanzkörper der siebziger Jahre

Die mit den sechziger Jahren einsetzende Umstellung von der Handarbeit zur industriellen Fertigung in wirtschaftlich orientierten Betrieben förderte die Massenproduktion von Gebrauchskeramik, die sich an die neuen Ansprüche anpassen musste. Zwar war die vordringliche Aufgabe der Neuausstattung der Haushalte seit den frühen Nachkriegsjahren erfüllt, jedoch schienen Produkte, die mehr Funktionalität und modisches Design boten, weiterhin erstrebenswert.

Das für seine Filtertüten bekannte Unternehmen „Melitta" entwickelte sich seit den fünfziger Jahren zu einem gefragten Hersteller eines umfangreichen Geschirrsortiments. Nachdem die Firma bereits in den dreißiger Jahren zu den Porzellanfiltern passende Kaffeekannen verkauft hatte, erweiterte sie ihre Produktion 1956 um das erste Kaffeeservice „Minden". Vom Designer Jupp Ernst entworfen, zählt es noch heute zu den beliebten Sammlerstücken. Weitere Service und Tischgarnituren folgten in den sechziger und siebziger Jahren unter Beteiligung anderer namhafter Designer wie Lieselotte Kantner oder Luigi Colani.

Doch es blieb nicht bei der Kaffeetüte und dem Service. Horst Bentz, der Mann an der Spitze des Familienunternehmens, schlug einen bis in die frühen neunziger Jahre anhaltenden nationalen und internationalen Expansionskurs ein. Um größere Marktanteile zu erschließen, wurde das Warenangebot, das „immer am oder in der Nähe des Kaffeetisches geblieben ist", ausgebaut. Der Kaffee, die Kaffeezubereitung samt des Kaffeegeschirrs, eine Zeitlang sogar das Kaffeegebäck und die Zigarren für den vornehmen Herrn, kamen somit aus einer Hand. Auf diese Weise ergänzten sich auch die Produktionsbereiche gegenseitig. So wurde dem Ende der sechziger bis zur Mitte der siebziger Jahre ansteigenden Anteil der Raucher – gesellschaftlich auch als ein Zeichen der Emanzipation gedeutet – dadurch Rechnung getragen, dass es zum Kaffeeservice eine darauf abgestimmte Rauchgarnitur gab.

Bis zur ersten Ölkrise von 1973 stand das Melitta-Unternehmen im Zeichen der Hochkonjunktur, schuf neue Produktionsanlagen und verlegte Produktionsstätten erfolgreich ins Ausland. Für den Konzern war es besonders erfreulich, dass die erschwinglichen Preise dem wachsenden Luxusbedürfnis der Kunden entgegenkamen, die sich jetzt nicht nur mit einem einzigen Kaffeeservice zufrieden gaben. Das Melitta-Unternehmen empfahl in seinen Werbeprospekten aus den sechziger und siebziger Jahren: „Eins aus Porzellan: Weil Ihr neuestes nicht mehr ganz neu ist. Eins aus Steinzeug: Weil Sie so etwas noch nie besessen haben. Oder eins aus Porzellan + Steinzeug: Weil Sie Extravaganzen vom Material her lieben." Die Möglichkeit, Material und Farbe innerhalb der Gedecke zu kombinieren, ließ das Serien-Service sich individuell an die Verbraucherwünsche anpassen, dem die „Neue Subjektivität" der siebziger Jahre entsprach (vgl. Kapitel „Die siebziger Jahre in der Bundesrepublik – Profil einer Epoche"). Der aus der Literaturkritik der siebziger Jahre entlehnte Begriff bezeichnet hier die Selbstinszenierung des Individuums durch die eigene kreative Gestaltung der Alltagsgegenstände. In den Vordergrund trat nun die Suche nach dem eigenen Stil. Paradoxerweise war sie zum Teil auch an die Konsumkritik und die „Anonymität des Industriedesigns" (Petra Eisele) gekoppelt. Die Orientierung am bürgerlich-mittelständischen Lebensstil wurde abgelehnt und mit ihr das traditionelle Tafelservice, das einst auch als materielle Wertanlage betrachtet worden war. Dafür ließ sich das aufkommende Umweltbewusstsein, vorgerufen durch die Ölkrise, mit Melittas „Ergänzendem Gedanken" – „Jedes Serviceteil ist einzeln nachzukaufen, denn MELITTA gibt Ihnen volle Liefergarantie" – vereinbaren. Zudem war die Produktion von neuen Strömungen in der Esskultur beeinflusst (vgl. Kapitel „Essen und Trinken"). So wurden die abendlichen Partys mit Melitta-Fondue-Geschirr ausgestattet.

Standen die sechziger für eher filigrane Formen, so brachten die siebziger Jahre kraftvolle Farben und gewagte Dekorkombinationen hervor. Pastelltöne mussten nun der Generationsfarbe „Orange" weichen, die sich aus dem „Mais", einem warmen Gelbton, entwickelt hatte. Parallel dazu leuchteten andere Farbtöne: Sattes Türkis, klares Grün und Rot.

Die sechziger Jahre-Kaffeeservice-Formen „Stockholm" und „Kopenhagen" wurden 1970 neu aufgelegt, jetzt allerdings in den Farben Maisgelb-Schwarzmatt und Avocadogrün-Maisgelb. Die farbkräftigen Glasuren wurden erst durch neue patentierte Herstellungsverfahren möglich. In diesem Entwicklungszusammenhang entstand „Ceracron", eine Weiterentwicklung des Steinguts, auch Edel-Keramik genannt. Aus Ceracron, das als Wortmarke erst seit 1984 geschützt ist, entstanden Anfang der siebziger Jahre die Service „Helsinki", „Heidelberg" und „Holstein". Auch die Form „Stockholm" wurde im Dekor „Selenorange/Schärensonne" produziert.

Zu verdanken waren diese Namen der stetig zunehmenden deutschen Reiselust. Zwar wurden in den siebziger Jahren wieder die deutschen Städte oder ganze Landstriche neuentdeckt – die damals aktuellen Service-Linien hießen „Heidelberg", „Lindau", „Berlin" oder „Jeverland"

*Melitta-Sortiment,
1970er Jahre*

und „Ammerland", jedoch strahlten die skandinavischen Hauptstädte der Service „Stockholm" und „Kopenhagen", die durch ihre charakteristischen Merkmale der Formgebung das Melitta-Geschirr so populär machten, immer noch den Glanz des unübertroffenen nordischen Designs aus. Die Vorstellung von ästhetischer Dauerhaftigkeit gepaart mit Funktionalität floss in die nächsten Produktionsentwürfe mit ein. Die extrem flachen Teller, die das Streichen der Butter auf das Brot begünstigten, sind das Resultat solcher ergonomischen Belange. Darüber hinaus weisen sie weitere praktische Qualitäten wie Stapelbarkeit und hohe Belastbarkeit, vor allem aber eine einfache Herstellungstechnik

auf. Unbedenklich konnten die angebotenen Geschirrteile maschinell gereinigt werden und somit der Hausfrau eine zeitgemäße Arbeitserleichterung bieten. Modernisierung der Haushaltsarbeit zugunsten von Freizeitgestaltung war das Credo. Gerade die ebenen Flächen und ihre strengen Linien ließen sich bestens durch zeitgemäße Dekore immer wieder neu auflegen.

Dies lässt sich auch auf Melittas Kindergeschirr übertragen. Mit der „Neuentdeckung des Kindes" in den siebziger Jahren beteiligte sich Melitta an einem in dem Jahrzehnt herausbildenden und sich bis heute entfaltenden kommerziell ausgerichteten Markt: „Was ein Häkchen wer-

den will, krümmt sich beizeiten. Oder umgewandelt: Was eine gute Hausfrau werden will, kann nicht früh genug in deren Fertigkeiten hineinwachsen. Spielend lernt sichs leichter. Aus guten [sic!] Grund ist deshalb ein MELITTA-Kinderservice ein ‚Erziehungs'-Geschenk." Dieser in den Melitta-Informationen von 1964 abgedruckte Verkaufstext bezieht sich zunächst auf die erste Generation des Kinderservice', das in Aussehen und Farbe am Geschirr „Minden" angelehnt war. 1969/ 1970 wurde die Form des Kinderservice' dem Geschirr „Kopenhagen" angepasst. Die vorherrschenden Pastelltöne wurden durch strahlende Farben ersetzt. 1974 er

hielt das Kindergeschirr die in den siebziger Jahren bevorzugte Kombination Maisgelb/Englischbraun. Dadurch wurde den Kindern, in diesem Falle vermehrt Mädchen, zum einen eine Rollenvorstellung und zum anderen die Warenwelt vermittelt.

Wenn der Hausfrau die Vorteile von Design, Material und Trend nicht von der Freundin nahegebracht wurden, dann erfuhr sie sie über die Zeitschrift „Meine Familie und Ich" (seit 1966) oder „Essen und Trinken" (seit 1972). Diese zwei größten deutschen Zeitschriften für Kochen und Haushalt bekamen eine Vorbildfunktion für die Einrichtung eines modernen

Haushalts. Melitta war mit zahlreichen Anzeigen in beiden vertreten. Die Hausfrauen sollten durch sachliche Informationen und über die Produktvorzüge „Qualitätsgarantie: für den Rohstoff und für die Verarbeitung" sowie „spülmaschinenfeste Dekore" überzeugt werden. Der „sächliche Dialog" mit Kunden (Siegfried Schmidt) war eine Strategie, die in der konsumorientierten Werbung der siebziger Jahre oft Anwendung fand. Eine kreative Werbeidee wurde während der 1972 in München abgehaltenen Olympischen Spiele umgesetzt. Mit den neu entwickelten Kaffeeautomaten für die Großküchen versorge man „insgesamt 13.000 Sportler, Funktionäre und Journalisten mit 45.000 Litern Kaffee, Tee, Kakao oder heißer Milch." Melitta behielt sich aber auch vor, das Altbewährte zu nutzen. 1973 erschien die erste von insgesamt drei Werbebroschüren mit dem Schauspielerehepaar Liselotte Pulver und Helmut Schmid. Darin „erprobten" die beiden das Service „Lindau" und ließen den Leser beiläufig an ihrem Privatleben teilhaben. Auch für die Ceracron-Serie und das 1975 auf den Markt gebrachte Service „Jeverland" hielten die wohl berühmtesten Melitta-Kunden ihr Gesicht hin.

Eine derartige Aktion konnte auch dafür sorgen, das kurz zuvor von Günter Wallraff

Ceracron Kaffeeservice: Form „Stockholm", Dekor „Selenorange/Schärensonne", 1972–1977

angekratzte Image wiederherzustellen. In seinem 1972 veröffentlichtem Report „Brauner Sud im Filterwerk. Melitta-Report" prangerte der Autor den bei Melitta noch herrschenden „NS-Geist" an. Außerdem befehlshaberischen Sprachgebrauch sowie den Einkommensunterschieden zwischen Männer und Frauen kritisierte Wallraff die gewerkschaftsfeindliche Haltung des Unternehmers Horst Bentz. Der Bericht rüttelte nicht nur an der bisher vorherrschenden guten Meinung des Melitta-Verbrauchers, sondern auch an der Unternehmensführung: Die Einführung der 40-Stunden-Woche und ein neues Leistungs-

Steinzeug Kindergeschirr Form „Kopenhagen", Dekor „Maisgelb", 1974

lohn-Modell waren die Reaktion darauf. Die Geschirrproduktion ging ab Mitte der siebziger Jahre langsam zurück. Zum einen schien der Markt gesättigt zu sein, zum anderen musste sich Melitta zunehmender Konkurrenz aus dem asiatischen Raum stellen. Mit der Konzentration der Keramikherstellung am Standort Rahling bei Varel ab 1975 wurde eine neue Ära eingeleitet. Das Tochterunternehmen, das seit 1979 unter dem Namen „Porzellanfabrik Friesland Bentz KG" lief, versuchte sich im Qualitätssektor des Glas-, Porzellan- und Keramikfachhandels zu positionieren.

Natalia Salnikowa

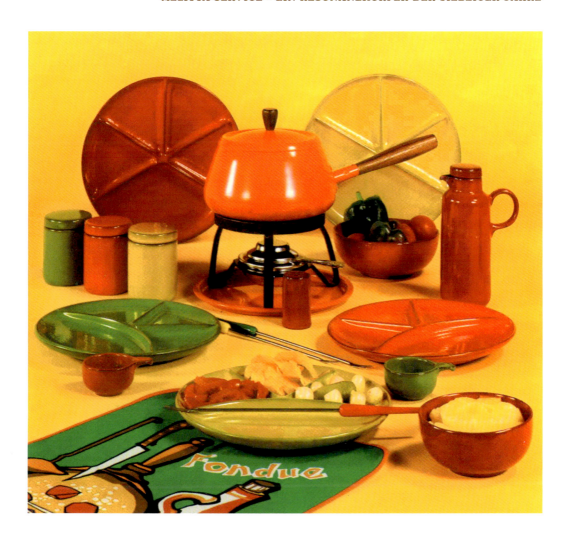

*Esskultur und Cera-
cron Fondue-Geschirr,
Werbung von 1973*

Essen und Trinken

Die siebziger Jahre stehen kulinarisch gesehen zunächst einmal für die explosionsartige Ausbreitung der internationalen Systemgastronomie. Was in den Jahrzehnten zuvor mit dem „Wienerwald" (1955) und argentinisch/brasilianischen Steakhäusern (z. B. „Churrasco" 1969) begann, setzte sich am Beginn des neuen Jahrzehnts mit der US-Kette „McDonald's" (ab 1971) fort, die die deutschen Großstädte zu erobern begann. Ein Novum war auch das flächendeckend vorhandene Angebot von Pommes frites, die plötzlich in jedem Schnellimbiss zu erhalten waren und ihren Spezialitätenstatus einbüßten. Brat- und Currywurst „mit Ketchup und Majo" entwickelten sich zum festen Bestandteil einer bundesdeutschen Fastfood-Kultur, die schon bald nicht mehr auf Metropolen beschränkt blieb, sondern auch auf den ländlichen Raum übergriff. Newcomer in der Fastfood-Sparte waren auch die oft familiengeführten griechischen Schnellimbisse, in denen sich am elektrischen Spieß gewürztes Grillfleisch („Gyros") drehte, das in einer Teigtasche („Pita") mit Salat, scharfer Soße und knoblauchhaltigem Tsatsiki serviert wurde – eine südeuropäische Kampfansage an den amerikanischen „Hamburger". Griechische und Balkan-Küche hatten seit den mittleren sechziger Jahren in der deutschen Gastronomie ihren festen Platz. Betrieben wurden die Lokale in der Regel von Migranten. Erklärter Favorit blieb allerdings die italienische Küche.

Beim Kochen für die Familie spielte nach wie vor der Zeitfaktor eine erhebliche Rolle. In den Siebzigern schien sich diesbezüglich mit Einführung des Schnellkochtopfes ein Quantensprung anzubahnen: Im luftdicht verschlossenem Edelstahltopf garten Gemüse-Schmorgerichte und Kartoffeln in kürzester Zeit und bei vermindertem Energieverbrauch. Der Respekt der Hausfrau vor einem Küchengerät, das bei defektem Überdruckventil explodieren konnte, setzte allerdings dem Siegeszug dieses an sich höchst praktischen Kochtopfes klare Grenzen. Die Hoffnungen der Hersteller auf eine Revolution in der Küche haben sich jedenfalls nicht erfüllt. Ein anderes Kochutensil hatte dagegen durchschlagenden Erfolg: Der zur selben Zeit wie der Schnellkopftopf auf dem Markt lancierte Römer- oder Tontopf für den Backofen entwickelte sich seit Beginn der siebziger Jahre zum „Muss" der bundesdeutschen Hausfrau. Es handelte sich um einen unglasierten Keramikbräter mit Deckel, der vor seiner Benutzung eine Zeit lang gewässert werden musste, seine Feuchtigkeit jedoch beim Garen an das Brat- oder Schmorgut abgab und auf diese Weise ohne Flüssigkeitszugabe Fleisch und Gemüse erheblich zarter werden ließ als im gewohnten Edelstahl- oder Eisenbräter. Das Prinzip lautete Dunstgaren im eigenen Saft. Auch die Zugabe von Fett erübrigte sich, was der kalorienbewusste Verbraucher als großen Vorteil schätzte. Den gleichen Zweck verfolgten übrigens auch Bratfolien und -schläuche der Firma Melitta.

Als weitere Schlager der Siebziger erwiesen sich zwei aus der Schweiz importierte Arten der Speisenbereitung am Tisch, nämlich Fondue und Raclette. Beide eigneten sich hervorragend für kleinere Abendeinladungen. Auch sie setzten spezielle Gerätschaften voraus. Aufgespießtes Fleisch oder Käse wurden frittiert, Gemüse in kleinen Pfännchen über offener Flamme bzw. Elektrobetrieb gegart und überbacken. Da jeder Teilnehmer seinen Verzehr eigenhändig zubereitete, spielte sich am Esstisch eine Art „kommunikatives Gemeinschaftskochen" ab.

Generell erfreute sich die bodenständige, handfeste Zubereitung von Fleisch wachsender Beliebtheit. Das amerikanische „Barbecue" – hierzulande „Grillen" genannt – wurde über die in der Bundesrepublik stationierten amerikanischen Streitkräfte allmählich publik, entwickelte sich seit den

Jenaer Glas Gugelhupf, 1970er Jahre

siebziger Jahren zum Massenphänomen. Mindestvoraussetzung war jedoch (abgesehen vom Grill selbst) ein offener Balkon, besser noch die Terrasse im Eigenheim. Die starke Rauch- und Geruchsentwicklung konnte allerdings Probleme mit der Nachbarschaft forcieren, weswegen Vermieter die Grill-Häufigkeit einzugrenzen trachteten. Grillen war damals – und scheint es erstaunlicher Weise noch heute zu sein – Männersache. In den Siebzigern kamen in der Regel Bratwürste auf den Rost und noch keine marinierten Nackensteaks, die heute das Gros des in Fleischtheken der Metzgereien oder Supermärkten angebotenen Grillgutes ausmachen.

Die bereits seit den fünfziger Jahren in vielen Wochenzeitschriften etablierten Rezeptecken oder Küchenkolumnen veranlassten Angelika Jahr-Stilcken vom Hamburger Verlag Gruner + Jahr nicht nur zu der statistischen Erhebung „Esskultur 1971", sondern im Jahr 1972 sogar zur Gründung einer ersten deutschen Zeitschrift, bei der sich alles um das Thema „Kochen und Genießen" drehte. Der Name des Magazins „essen & trinken" war Programm. Es wurde von der ersten Nummer an in einer Massenauflage von 400.000 Exemplaren produziert und behauptet sich seither im Zeitschriftenregal und an den Registrierkassen der Supermärkte. „essen & trinken" richtet sich vorzugsweise an die Hausfrau; daher folgte 1975 für all jene, die das Außergewöhnliche abseits des kulinarischen Mainstream

bevorzugten, die Zeitschrift „Der Feinschmecker".

Seit Beginn der Siebziger etablierte sich parallel zur bundesdeutschen Fastfood-Gesellschaft ein bewusster Anti-Trend bei all denen, die über Zeit, Geld und Muße verfügten, zur „gediegenen Küchenhandarbeit" und zur bewussten Auswahl hochwertiger Produkte. Auch Männer begannen sich mehr und mehr fürs Kochen zu begeistern – nicht so sehr für Mutters deftige Hausmannskost, sondern für die Kreationen der internationalen Profis. Kochen für Freunde wurde ab den Siebzigern ein Hobby in Intellektuellenkreisen. Dementsprechend schwoll die Fachliteratur zu diesem Thema an. Die mit Abstand meisten Publikationen gingen und gehen noch heute auf den Münchner Verlag Gräfe und Unzer zurück. Seine Bücher „Kochen heute" und „Backvergnügen wie noch nie" zählten zu den Sachbuchbestsellern der siebziger Jahre. Aber nicht nur reine Rezept-Sammlungen hatten Konjunktur. Großer Beliebtheit erfreuten sich auch solche Sachbücher, in deren Erzählfluss Kochrezepte locker eingestreut waren. Ein Paradebeispiel ist das Werk „Ganz einfach – chinesisch!" des Regisseurs und Drehbuchautors Wolfgang Menge (1924–2012), das zwar bereits 1968 erschienen war, aber in den Siebzigern stark nachgefragt wurde. Menge hatte jahrelang als Korrespondent in Peking gelebt und machte seinen Leser mit der authentischen chinesischen Küche vertraut, die sich durchaus von den europäisierten

Speisen der hiesigen Chinarestaurants abhob. Alle Gerichte waren zum Nachkochen geeignet, selbst die berühmte „Peking-Ente", die damals noch kein Restaurant in Deutschland nach Originalrezept zubereitete.

Durch Lifestyle-Journalisten wie Wolfram Siebeck (Jg. 1928), der seit 1958 für verschiedene Magazine kulinarische Kolumnen schrieb, wurde die Bundesrepublik mit den aktuellen Tendenzen der französischen Küche (Nouvelle Cuisine) vertraut gemacht. Es handelte sich bei dieser gastronomischen Entwicklung um eine Abkehr von der bombastischen Haute Cuisine in der Tradition eines Auguste Escoffier (1846–1935) mit ihren schweren Braten und fetten Soßen, die nach aufwändigen Rezepturen entstanden und bisweilen kaum noch ihre Ausgangsprodukte erkennen ließen. Der neue französische Trend bevorzugte das Einfache, Leichte und Frische. Die Regionalküche kam zu Ehren. Durch die Gastrokritik avancierte der französische Sternekoch Paul Bocuse (Jg. 1926) zum Inbegriff dieser Kochkunst, obwohl er im Grunde eine etwas andere Richtung verfolgte als die Nouvelle Cuisine. Bocuses Name stand zwar ebenfalls für Regional- und Saisonalküche, doch eher für eine deftige Variante nach der altüberlieferten Sitte französischer Hausfrauen. Bei ihm durfte es immer „ein Löffel Butter mehr" sein. Als Hit erwies sich z. B. Bocuses „pot-au-feu", ein deftiger Eintopf, welcher der in den Siebzigern angesagten Tendenz „Alles aus einem Topf" ideal entgegen kam. Klas-

sische Mehlschwitzen für Fleischgerichte galten als passé, stattdessen bereicherten Bocuse und seine Anhänger ihre Soßen mit schweren Rotweinen. In Deutschland propagierten dieses Kochverständnis Bocuses ehemalige Schüler Eckart Witzigmann und Heinz Winkler (beide Jg. 1949). Witzigmann eröffnete 1971 in München das „Tantris", das 1973 den ersten und 1974 den zweiten Michelin-Stern erhielt. 1978 folgte ebenfalls in der bayerischen Hauptstadt sein Restaurant „Aubergine", das es 1980 gar auf drei Sterne brachte! Witzigmanns Nachfolger in der „Aubergine" wurde Alfons Schuhbeck (Jg. 1949), der mit den Österreichern Josef Viehhauser (Jg. 1950) und Johann Lafer (Jg. 1957) ebenfalls zu den großen Köchen der deutschsprachigen kulinarischen Szene seit den ausgehenden Siebzigern zählte. Es kam freilich nicht von ungefähr, dass die meisten deutschen Spitzenrestaurants in Bayern und Baden-Württemberg lokalisiert waren, denn die Frischwarenvielfalt Süddeutschlands war und ist in der Bundesrepublik konkurrenzlos. Im Norden fand man indes die richtigen Adressen für frischen Seefisch. Allerdings musste der Kochenthusiast auf lokalen Frischmärkten mitunter haarsträubende Preise für bessere Qualität zahlen. Die angesagte leichte, moderne Küche bedeutete eben auch Luxus pur.

Setzte die Edel-Küche auf saisonale Angebote, so modernisierte sich die traditionelle deutsche Hausmannskost mit Hilfe ganzjährig verfügbarer Tiefkühlkost, die den Absatz „klassischer" Gemüsekonserven mit ihrem vorgekochten Inhalt zurückdrängte. Das bescheidene Eisfach des Kühlschrankes reichte für eine Bevorratung solcher Waren nicht mehr aus, und so empfahl sich die familientaugliche Tiefkühltruhe als Novum auf dem Haushaltsgerätemarkt. Die 1966 in Nordrhein-Westfalen gegründete Firma Bofrost lieferte sogar ihre Produkte in Kühlwagen zum Einlagern frei Haus. Kein Zweifel: Eine neue Ära hatte begonnen, die übrigens auch das herkömmliche Konservieren („Einwecken") von selbst gezogenen Gartenfrüchten rückläufig werden ließ. Tiefgefrorene Fertiggerichte wie Pizzen kannte man zwar auch schon in den späten Sechzigern, doch im neuen Jahrzehnt weitete sich das Angebot an derartigen Produkten erheblich. Als Beispiel mag das von der Firma Iglo vertriebene „Schlemmerfilet à la Bordelaise" dienen, das man zumindest aus der Fernsehwerbung kannte. Schon bei dieser volltönenden Bezeichnung für schlichten panierten Alaska-Seelachs in Sauce wird die Absicht der Hersteller deutlich, an das Renommee der in Deutschland reüssierenden französischen Küche anzuknüpfen.

Weitere Großhändler schickten sich an, den Markt zu erobern: So machte sich z. B. die Osnabrücker Großkonditorei Coppenrath & Wiese ab 1975 einen Namen mit tiefgefrorenen Sahnetorten, die seither in jedem Supermarkt verfügbar sind und dem lokalen Konditorengewerbe schwer zugesetzt haben. Auch außerhalb

des Gefriersegmentes gab es viele neue Fertigprodukte. Im Zuge einer sich entwickelnden Alternativ- und Ökologiebewegung kamen bei Vielen Zweifel an der Qualität des Brotes auf, was eine rührige Industrie auf den Plan rief, im Handumdrehen Fertig-Backmischungen für unterschiedliche Brotsorten auf den Plan zu rufen, wie man sie zuvor bereits für Kuchen kannte.

Das Angebot im Supermarkt weitete sich in den siebziger Jahren hinsichtlich Obst und

Moulinex Zerkleinerer, 1970er Jahre

Gemüse beträchtlich aus. Kiwis und Mangos eroberten den Markt; Avocados, Zucchini, Auberginen und Zuchtchampignons waren unversehens ganzjährig erhältlich. Oliven erfreuten sich ebenfalls wachsender Nachfrage. Geschuldet war all dies dem großen Interesse der Deutschen an mediterraner Küche, die man aus dem Urlaub kannte. Erdbeeren aus Spanien und Spargel aus Griechenland sorgten dafür, dass ehemals saisonale Angebote plötzlich über einen viel längeren Zeitraum erhältlich waren. Auch

im Segment der Meeresfrüchte erweiterte sich die Palette: Krabben und Sardellen, tiefgefrorener Hummer und Tintenfischringe büßten ihren einstigen Luxuscharakter ein. Die Deutschen waren genuss- und experimentierfreudiger geworden.

Ein Blick in die Kochbücher der Siebziger lehrt, dass dem „Kochen für Gäste und Feste" mehr Raum gegeben wurde als noch in den sechziger Jahren. Die Idee des Büffets griff um sich. In den Siebzigern entdeckte man unter anderem auch die bun-

Fleischfondue – eine beliebte kulinarische Spezialität in den 1970ern

te Welt der Cocktails und der Longdrinks. Die Bar des hauseigenen Partykellers musste eine entsprechende Vielzahl alkoholischer Getränke vorhalten. Italienischer Campari kam in Mode und whiskeyhaltiger „Irish Coffee", der wohl lediglich in Irland unbekannt war. Bei jungen Eltern sank die Hemmschwelle in Bezug auf den Coca-Cola-Konsum ihres Nachwuchses. Limonadengetränke jeder Art erfreuten sich so starker Nachfrage, dass man zu den Saftkonzentraten früherer Zeiten zurückgriff: Der Werbeslogan mit der Rezeptur „TRI TOP mischt man 1 + 4" war damals jedem Kind geläufig. Erwachsene labten sich an heißen Sommertagen an „Berliner Weiße mit Schuss" in extrabreiten Stielgläsern, wobei der „Schuss" aus Himbeer- oder Waldmeistersirup bestand.
In Sachen Tellergericht blieb vieles beim Althergebrachten. Neu in den Siebzigern waren mit Hackfleisch gefüllte Paprikaschoten oder Tomaten, die man mit Reis (selbstverständlich dem niemals klumpenden von „Uncle Ben's"!) servierte. Kasseler in Blätterteig galt als beliebte Spezialität für besondere Anlässen oder das gediegene Boeuf Stroganoff. Ganz behutsam machte der Bundesbürger Bekanntschaft mit importiertem Lammfleisch aus Neuseeland – im Gegenzug reduzierte sich das Angebot an Hammel, der traditionell zum Grüne-Bohnen-Eintopf gehört hatte. Der strenge Geschmack des männlichen Schafes und sein hoher Fett- bzw. Talkanteil stießen kaum noch auf Gegenliebe.

Dasselbe traf auf Wildgerichte zu. Es fällt auf, dass den Kochbüchern jener Zeit zufolge noch grundsätzlich jede Art von Wildfleisch eine Nacht lang in Buttermilch eingelegt werden musste, um seinen Hautgout zu mildern. Heute ist diese Vorsichtsmaßnahme allenfalls noch bei Hasen geboten, weil es sich ansonsten um Zucht-Wild handelt, das seine charakteristische Strenge weitgehend eingebüßt hat.

Michael Reinbold

Eintopfgerichte waren ein „Muss" in den 1970ern

Mathematik
in der
Grundschule

Klett

16615

Schule und Bildung

Die erste Hälfte der siebziger Jahre brachte für Schule und Universität weitreichende Reformen. Die neue Koalition von SPD und FDP richtete im Herbst 1969 das Bundesministerium für Bildung und Wissenschaft ein. Die „Bund-Länder-Kommission für Bildungsplanung" koordinierte bis Mitte des Jahrzehnts das Bildungswesen und wurde im Juli 1965 vom „Deutschen Bildungsrat" abgelöst. Er legte 1970 den „Strukturplan für das Bildungswesen" vor, der anknüpfend an die Bildungsreformdiskussion der sechziger Jahre eine „wissenschaftsorientierte Bildung" vorsah. In Schule und Universität wurde jetzt großzügiger investiert. Betrugen die entsprechenden Ausgaben 1965 insgesamt 15,7 Milliarden DM, waren es 1973 bereits 44,6 Milliarden.

Das dreigliedrige Schulsystem blieb bestehen. An den Grundschulen wurde 1970 auf Beschluss der Kultusministerkonferenz (1968) nach erregten öffentlichen Debatten die Mengenlehre im Mathematikunterricht eingeführt. Man erhoffte sich eine Förderung des logischen Denkens und des Abstraktionsvermögens bei den Kindern. Zugleich wurde Anfang der sieb-ziger Jahre heftig gestritten um die „antiautoritäre Erziehung": Freie Alternativschulen („Glocksee-Schule"), Schülermitbestimmung im Unterricht und die Diskussion über Alexander S. Neills 1969 erschienene Schrift „Theorie und Praxis der antiautoritären Erziehung – Das Beispiel Summerhill" sind nur einige der Aspekte dieser Entwicklung. Der britische Pädagoge hatte Summerhill 1921 gegründet. Sein Buch wurde 1970 zum Bestseller und führte zusammen mit den von der Studenten- und Frauenbewegung wiederentdeckten Schriften des Psychoanalytikers Wilhelm Reich zur Gründung zahlreicher Kinderläden in der Bundesrepublik. Allein in Westberlin stieg die Zahl dieser Selbsthilfeinitiativen von Eltern aus der linksalternativen Szene von 58 im Jahr 1970 auf über 300 1974. Eltern mieteten Räume in Häusern, oft ehemalige Ladengeschäfte, in denen jeweils etwa 20 Kinder zwischen drei und fünf Jahren repressionsfrei erzogen werden sollten. Dabei verfolgten sie unterschiedliche Erziehungskonzepte. Das Spektrum reichte von sozialistischen Erziehungsidealen über psychoanalytische bis zu liberalen. Generell sollten die Kinder eine andere Erziehung erhalten als die Generation ihrer Eltern, die in der Regel in einer autoritären Familie aufgewachsen waren. Sie wollten ihre Kinder zu unangepassten, kritischen und selbständigen Individuen erziehen.

In den siebziger Jahren besuchten die meisten Schüler nicht mehr die Hauptschule, sondern die Realschule bzw. das Gymnasium. Neu waren Anfang des Jahrzehnts die integrierten Gesamtschulen, für die sich der Deutsche Bildungsrat eingesetzt hatte. An ihnen unterrichteten zahlreiche Lehrer, die in der Studentenbewegung politisch sozialisiert worden waren. 1979 gab es 242 Gesamtschulen, vor allem in Hessen, Berlin und Nordrhein-Westfalen. Quantitativ fielen sie allerdings noch

Ende der achtziger Jahre kaum ins Gewicht. Eine weitere Reformmaßnahme betraf die Gymnasien. Von 1972 bis 1978 wurde in allen Bundesländern auf Grund einer Vereinbarung der Kultusministerkonferenz die gymnasiale Oberstufe reformiert. Vorbild war das Halepaghen-Gymnasium in Buxtehude, wo man bereits 1966 in den Klassen 12 und 13 das Klassensystem durch das Kurssystem ersetzt hatte. Die Einführung der Sekundarstufe II an den Gymnasien ab Juli 1972 gab den Schülern die Möglichkeit, ihren weiteren Bildungsweg selbst zu bestimmen und – außer den Pflichtangeboten – Wahlkurse zu belegen, die Grundlage für das künftige Studium sein sollten.

Zwei in den bundesdeutschen Buchhandlungen häufig nachgefragte Titel zum Thema „antiautoritäre Erziehung" von 1971

*Mengenlehre-Set.
Anfang 1970er Jahre*

Anders als in der DDR setzte sich die Politik in der Bundesrepublik in den siebziger Jahren dafür ein, dass die Zahl der Abiturienten stieg. Dahinter stand die Forderung nach Chancengleichheit, die Kindern aus bildungsfernen Schichten den Aufstieg ermöglichen sollte. Es galt, die so genannten Begabungsreserven auszuschöpfen, um die internationale Wettbewerbsfähigkeit Deutschlands zu erhöhen. Mehrere Abschlüsse qualifizierten zum Studium: Die allgemeine Hochschulreife durch den Besuch des Gymnasiums, – für Berufstätige mit Mittlerer Reife – der „Zweite Bildungsweg" eines Abendgymnasiums, außerdem – für Berufstätige mit Haupt-schulabschluss oder Mittlerer Reife – die fachgebundene Hochschulreife, die über vorbereitende Kurse an Volkshochschulen und nach einer Prüfung an einer Hochschule erworben werden konnte, und schließlich die fachgebundene Hochschulreife, die an einer Fachhochschule erworben werden konnte. An den Gymnasien verdoppelte sich die Zahl der Schüler der Klassen 11 bis 13 in diesem Jahrzehnt von 317.400 auf 623.500. Schon 1975 meldete der Deutsche Bildungsrat: „Die Gymnasien entwickeln sich von einer Standesschule für das Bürgertum zu einer Aufstiegsschule auch für bisher bildungsferne Schichten". Insgesamt blieb der

Hochschulzugang gleichwohl stark vom Bildungsgrad der Eltern abhängig.

Auch die Zahl der Studenten stieg massiv an, zwischen 1965 und 1975 von 308.000 auf 696.000. Denn anders als in der DDR, wo die SED den Hochschulzugang in den siebziger Jahren drosselte, wurden in der Bundesrepublik die Hochschulen so großzügig ausgebaut wie in keinem Jahrzehnt davor und danach. Dennoch musste 1972 in einigen Fächern eine Zugangsbeschränkung („Numerus clausus") eingeführt werden. 1977 wurde diese Beschränkung wieder gelockert, was zu steigenden Studentenzahlen führte. Ende des Jahrzehnts wurde deutlich, dass die Hochschulen einen Lehrerüberschuss produzierten, der größtenteils ab Anfang der achtziger Jahre nicht mehr eingestellt wurde.

Die meisten Hochschulen in Europa hatte das Bundesland Nordrhein-Westfalen – zum Wintersemester 1974/75 entstand außerdem in Hagen die erste deutsche Fernuniversität. Neu errichtet wurde in diesem Jahrzehnt auch eine Reihe von Fach-

Studenten-
demonstration, 1972

hochschulen; ab 1973 gab es außerdem Verwaltungsfachhochschulen. Insgesamt stieg im Zuge des Ausbaus der Universität die Zahl der Lehrstuhlinhaber von 3.098 auf 5.072, die der Assistenten von 9.268 auf 20.998. Unter dem Einfluss der 68er Studentenunruhen und nach jahrelangen bildungspolitischen Diskussionen um die Leistungsfähigkeit der Hochschule und die Orientierung der Lehr- und Lerninhalte am Berufsleben kam es am 26. Januar 1976 zur Verabschiedung des Hochschulrahmengesetzes. Die „Grup-penuniversität", in der die Entscheidungen gemeinsam von Professoren, wissenschaftlichen Mitarbeitern und Assistenten („Mittelbau"), Studenten und Mitgliedern der Verwaltung getroffen wurden, ersetzte die Ordinarienuniversität. Im Juni 1968 war bereits am Otto-Suhr-Institut der FU Berlin ein Mitbestimmungsmodell praktiziert worden. Die dritte Novelle des Gesetzes vom 1. Juli 1985 räumte dann wieder den Professoren mehr Rechte in den Hochschulgremien ein.

Siegfried Müller

Michael Ende

Die
unendliche
Geschichte

Literatur

Die innenpolitische Situation, vor allem der Terror der Rote Armee Fraktion (RAF) und der „Radikalenerlass", bestimmte nachhaltig die öffentliche Diskussion. In der Literatur reflektierte vor allem Heinrich Böll die aufgeheizte Stimmung. Böll sah zeitlebens die Aufgabe des Schriftstellers darin, Widersprüche in der Gesellschaft aufzudecken. Mit seiner Sicht auf die RAF und ihre Instrumentalisierung durch die Medien polarisierte er. Nicht nur in seinem im „Spiegel"' veröffentlichten Essay „Will Ulrike Meinhof Gnade oder freies Geleit?" (1972), sondern auch in seinen Romanen „Die verlorene Ehre der Katharina Blum" (1974) und „Fürsorgliche Belagerung" (1979) setzte sich Böll kritisch mit der Überprüfung der Gesinnung durch den Staat auseinander. Seine Stellungnahme hatte nach der Verleihung des Literatur-Nobelpreises 1973 besonderes Gewicht. Dadurch, so Böll, sei Privatheit zunehmend unmöglich. In dieser Atmosphäre ließ der Staat ihn und andere prominente Intellektuelle überwachen. Im „Deutschen Herbst" 1977 erreichten die Spannungen zwischen politischen Schriftstellern und Staat ihren Höhepunkt, als Autoren wie Böll, Nicolas Born, Günter Grass, Walter Jens, Siegfried Lenz und Martin Walser Beiträge zum Sammelband „Briefe zur Verteidigung der Republik" schrieben.

Dass Schriftsteller politisch etwas bewirken konnten, zeigt Rolf Hochhuths Roman „Eine Liebe in Deutschland" (1978), in dem er das Schicksal eines polnischen Kriegsgefangenen im Dritten Reich beschreibt, der wegen einer Liebesbeziehung zu einer Deutschen gehenkt wird. Der Vor-

Heinrich Böll, 20.9.1974

abdruck in der „Zeit" sowie ein Beitrag im Politmagazin „Panorama" entfachten eine Diskussion über die Vergangenheit des ba-den-württembergischen Ministerpräsiden-ten Hans Filbinger, der im Dritten Reich als Richter tätig gewesen war. Filbinger trat schließlich zurück.

Neben diese Kriegsgeneration trat eine Ge-neration von Schriftstellern, die National-sozialismus und Krieg nicht mehr selbst erlebt hatten. Hierzu zählen Uwe Timm, Pe-ter Schneider, Bernward Vesper und Eva Demski. Sie alle setzen sich mit dem geis-tigen Klima der Studentenbewegung der sechziger Jahre auseinander.

Geschult an Susan Sontag und Simone de Beauvoir und in der Tradition von Cla-ra Zetkin, Lily Braun und Rosa Luxemburg stehend, entwickelt sich jetzt „von Frau-

en über Frauen für Frauen" (Ralf Schnell) geschriebene Literatur. Ihre Protagonistin-nen sind u.a. Verena Stefan („Häutungen" 1975), Caroline Muhr („Freundinnen", 1974), Margot Schröder („Ich stehe mei-ne Frau", 1975) und Karin Struck („Klas-senliebe", 1973; „Die Mutter",1975; „Lie-ben", 1977).

Im Ganzen gesehen ist jedoch ein Rück-zug vieler Schriftsteller von ihrem politi-schen Engagement zu konstatieren. Intel-lektuelle wie Hans Magnus Enzensberger mussten erkennen, dass agitatorische Li-teratur politisch wirkungslos blieb. Die Po-litisierung der Gesellschaft auf marxisti-scher Grundlage hatte nicht stattgefun-den. Dies führte u.a. zu einer Entpolitisie-rung der Lyrik, von Ausnahmen wie Erich Fried und Alfred Andersch abgesehen. Zu-gleich entstand eine „Neue Subjektivität", die sich verstärkt in der Beschäftigung mit dem eigenen Leben zeigt. „Selbstbeob-achtung, Selbsterfahrung, Selbstdarstel-lung" (Marcel Reich-Ranicki) sind daher die vorrangigen Kennzeichen der Lyrik und Prosa dieses Jahrzehnts. Nicht mehr die kranke Gesellschaft, sondern das kranke Ich auf der Suche nach Orientierung steht jetzt im Zentrum von Autobiographien und Tagebüchern. Bernward Vespers Roman-essay (1977), entstanden von 1969 bis zu seinem Selbstmord 1971 in einer psy-chiatrischen Klinik, ist eines der ersten Dokumente solcher Reflexionen. „Ich in-teressiere mich ausschließlich für mich und meine Geschichte" teilt uns das er-zählerische Ich mit. 1971 erscheinen Ger-

Günter Amendt, Sex Front, Frankfurt/M. 1970

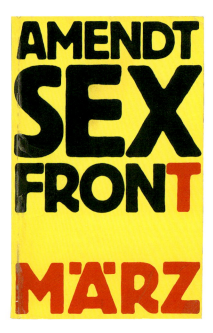

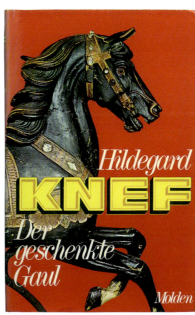

*(links) Lilly Palmer,
Dicke Lilli – gutes Kind,
München 1974*

*(rechts) Hildegard
Knef, Der geschenkte
Gaul, Wien 1970*

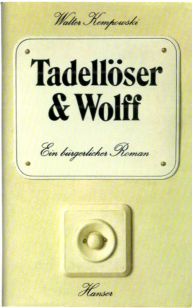

*(links) Perry Rhodan,
Der Kampf mit dem
Yuloc Nr. 648, Rastatt
1974*

*(rechts)
Walter Kempowski,
Tadellöser & Wolff,
München 1971*

Dargaud präsentiert:
GROSSER Asterix -BAND XVIII
Die Lorbeeren des
CÄSAR
ZEICHNUNGEN: UDERZO   3,80 DM   TEXT: GOSCINNY

Österreich 30 S
Schweiz 5,50 Fr
Italien 1000 Lit
Dänemark 9,75 dkr
Niederlande 4,20 fl
Luxemburg 56 frs
Belgien 56 frs
Spanien 100 Pts
USA/Kanada 1,80 $
Jugoslawien 25 Din

EHAPA VERLAG GMBH STUTTGART

Asterix, Die Lorbeeren des Cäsar, Stuttgart, 1971

hard Zwerenz' Roman „Kopf und Bauch", Wolfgang Hildesheimers „Zeiten in Cornwall" und Walter Kempowskis „Tadellöser & Wolff". 1972 bringt Max Frisch sein „Tagebuch 1966–1971" heraus, Peter Rühmkorf „Die Jahre die Ihr kennt" und Günter Grass „Aus dem Tagebuch einer Schnecke". Von Kempowski erscheint 1972 der Roman „Uns geht`s ja noch gold". 1973 kommen Karin Strucks Debütroman „Klassenliebe", Barbara Königs „Schöner Tag, dieser 13. Ein Liebesroman", Peter Schneiders „Lenz" und Peter Härtlings „Zwettl" in die Buchhandlungen. Weitere wichtige Werke mit autobiographischem Charakter sind Nicolas Borns „Die erdabgewandte Seite der Geschichte" (1976), Hermann Kinders „Der Schleiftrog" (1977) und Martin Walsers Novelle „Ein fliehendes Pferd" (1978). Peter Schneider kritisiert in seiner Erzählung „Lenz" aus der Sicht des Subjekts die linken politischen Gruppen in Berlin am Ende der sechziger Jahre, die er aus eigener Anschauung kannte. Sie wollten „nichts weiter voneinander wissen [...] als diese sauberen Sätze von Mao Tse-tung". Zum wirklichen „Empfinden", zum Streben nach dem eigenen Glück seien sie nicht fähig.

Um das eigene Empfinden, dem Bewusstwerden eigener Gefühle geht es auch Peter Handke (z.B. „Die Stunde der wahren Empfindung", 1975). Schreiben hieß für ihn Selbstfindung, Rückkehr zum eigenen Ich. Auch Rolf Dieter Brinkmann war auf der Suche nach sinnlichen Erlebnissen. Über seinen Romaufenthalt 1972/73 erschien 1979 sein Buch „Rom, Blicke", in dem er den „Rückzug auf mich selbst" beschreibt. Kompromisslos formulierte dies Gabriele Wohmann 1974 in ihrem Roman „Schönes Gehege": „Jedes Wort aber, das mich nicht betrifft, mich selber subjektiv in meiner Privatheit, erscheint mir bedingungslos als überflüssig."

Nicolas Born,
30.9.1972

Parallel zu diesen Werken erscheinen populäre Autobiographien von Film- und Theaterschauspielern wie Elisabeth Flickenschildt, Käthe Haack, Trude Hesterberg, Curt Jürgens, Klaus Kinski, Hildegard Knef, Victor de Kowa und Lilli Palmer. Zahlreiche Autoren wie Gerhard Zwerenz, Elisabeth Plessen, Bernward Vesper, Peter Härtling und Christoph Meckel setzen sich – ähnlich wie im expressionistischen Drama der Weimarer Republik – mit der Rolle ihrer Väter im Dritten Reich auseinander.

Michael Ende, Die unendliche Geschichte, Stuttgart 1979

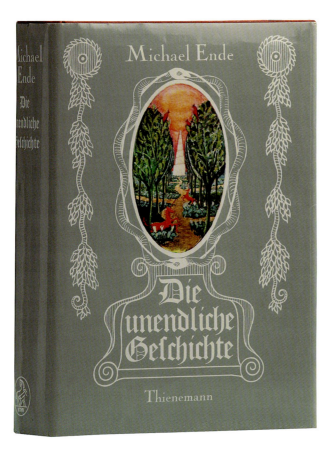

Für das beschädigte Ich machen diese Autoren die autoritäre Kleinfamilie der Nachkriegszeit verantwortlich. „Du schwiegst oder schlugst", sagt Peter Härtling über seinen Vater. Das Scheitern von Liebesbeziehungen thematisieren auch Peter Handke („Der kurze Brief zum langen Abschied", 1972) und Gerhard Roth („Winterreise", 1978).

Die Suche nach neuen Werten führte manchen Autor zur Flucht in die Welt der Phantasie. Der Kinderbuchautor Michael Ende schrieb 1973 seinen später verfilmten Roman „Momo", in dem ein zehnjähriges Mädchen den Kampf gegen die Zerstörer der Zivilisation aufnimmt. Auch in seinem nächsten Buch, „Die unendliche Geschichte" (1979), übt Ende Kritik an der Moderne. Nur durch die Veränderung des Selbst könne die Zivilisation verbessert werden.

In der Publikumsgunst standen die Heftchenromane, Liebes-, Arzt-, Wildwest-, Landser- und Science-Fiction-Romane sowie Comics, allen voran die Asterix-Hefte, weiterhin an erster Stelle. Pro Woche kamen 30.000 Exemplare auf den Markt. Allein 1971 lag die Jahresproduktion in der Bundesrepublik bei über 300 Millionen Exemplaren. Die Liebhaber von Kriminalromanen wurden bei Autoren wie Herbert Reinecker, (...) ky, Michael Molsner, Irene Rodrian und Hansjörg Martin („Blut ist dunkler als rote Tinte", 1970) fündig. Nicht wenige dieser Romanstoffe wurden verfilmt, was nicht zuletzt auf die „Tatort"-Reihe zurückzuführen ist, die die ARD ab 1970 ins Programm nahm. Ihr Publikum hatten angesichts der Sexualisierung der Gesellschaft auch die zahlreichen Aufklärungsbücher, die verschiedene sexuelle Praktiken beschrieben. Ein Bestseller war Günter Amendts „Sexfront 1970", in dem er u.a. schrieb: „Man turnt nach Anweisung von Kolle und Beate Uhse so alle Grundstellungen des Bodenturnens durch [...]". Die Zeitschrift „BRAVO", die in den siebziger Jahren etwa 60 % der 10- bis 18-jährigen lasen, thematisierte die „Sexualisierung der Bilder- und Vorstellungswelt von Jugendlichen" (Franz X. Eder).

Siegfried Müller

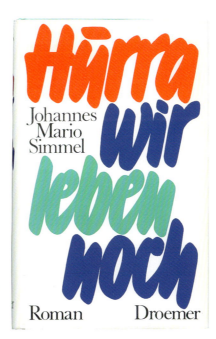

Johannes Mario Simmel, Hurra wir leben noch, München 1978

Drama
und Theater

Die Protestbewegung der 68er bewirkte, dass sich Dramatiker bis Mitte der siebziger Jahre mit der „Revolution" in ihren vielfältigen Erscheinungsformen, vom Bauernkrieg bis zur kubanischen Revolution, beschäftigten. Zeitgleich wurden realistische Volksstücke von Franz Xaver Kroetz aufgeführt, die sich mit Randgruppen der Gesellschaft auseinandersetzten. Mit seinen Stücken erreichte auch die sexuelle Revolution des Jahrzehnts das Theater. In Hans Neuenfels' Inszenierung der „Medea" wurde ein Analverkehr angedeutet, in Peter Zadeks Othello-Inszenierung, die 1976 am Deutschen Schauspielhaus in Hamburg Premiere hatte, liefen die Akteure in Unterhosen umher. Am Ende warf Ulrich Wildgruber als Feldherr die nackte Eva Mattes als erwürgte Desdemona über eine Leine – der Skandal war perfekt.

Der am meisten gespielte Dramatiker der siebziger und achtziger Jahre war Botho Strauß, der „poetische Seismograf der alten Bundesrepublik" (Jürgen Flimm). Seine Stücke (u.a. „Die Hypochonder", 1972; „Trilogie des Wiedersehens", 1977; „Groß und Klein", 1978) zeigen den Alltag in der Bundesrepublik. Strauß geht es um „Irritation eingeschliffener Wahrnehmungsmuster" (Richard Weber). In „Groß und Klein", von Peter Stein 1978 in den CCC-Filmstudios inszeniert, versucht die Hauptfigur Lotte in zehn Szenen vergeblich, aus ihrer Einsamkeit auszubrechen und auf der Suche nach Liebe von der Gesellschaft aufgenommen zu werden. Der Theaterhistoriker und -kritiker Georg Hensel schrieb dazu: „Lottes Traumspiel-Tourismus ist eine Erlebnisreise durch unsere Alltagsmisere, und Botho Strauß, ihr Animateur, brennt Blitzlichter über vermurksten Seelenlandschaften ab."

Die Hinwendung zur Subjektivität in der Literatur der siebziger Jahre ist auch für das Theater zu konstatieren: „Der Blick nach draußen", so Georg Hensel, „ist in den siebziger Jahren niederschmetternd geworden; also blickt man nach innen: in sich selbst [...]. Der Enttäuschung von der Politik ist die Entdeckung des Privatlebens gefolgt." Das Tanztheater in Darmstadt oder Pina Bauschs „Tanztheater Wuppertal" sind Beispiele für diese neue Entwicklung. Dagegen ist das politische Theater auf dem Rückzug. Jetzt sind es die Klassiker, die bei der Ich-Suche Pate stehen. „Hamlet" wird zum Symbol des an der Po-

litik Gescheiterten. Gleichwohl werden auch wiederholt Schillers „Räuber" und „Die Gerechten" von Camus als Antwort des Theaters auf die Terrorismus-Debatte diese Jahrzehnts aufgeführt.

Infolge des Generationswechsels erschienen neue Intendanten am Theaterhimmel, die entweder von Meisterregisseuren oder aus dem Studententheater kamen: Peter Palitzsch, der in Stuttgart das Ensemble für politische Themen sensibilisierte, dort Martin Walsers Stücke inszenierte und dann von Hilmar Hoffmann nach Frankfurt geholt wurde, Ivan Nagel am Deutschen Schauspielhaus in Hamburg, Peter Zadek

in Bochum, Claus Peymann in Stuttgart, Peter Stein an der Schaubühne in Westberlin. Es waren vor allem zwei Regisseure, die Maßstäbe für das Regietheater dieses Jahrzehnts setzten: Peter Stein und Peter Zadek.

Stein hatte an der Berliner Schaubühne mit der Inszenierung von Ibsens „Peer Gynt" (13./14. Mai 1971), dessen Konzept er mit seinem Dramaturgen Botho Strauß erarbeitet hatte, seinen zweiten großen Erfolg. Kritiker sahen in der siebenstündigen Aufführung an zwei Abenden einen Meilenstein in der Theatergeschichte. Sechs Darsteller spielten den Titelhelden

in den acht Episoden. Dadurch wurde Ivan Nagel zufolge erreicht, dass der Zuschauer Peer Gynt nicht „zu viel persönliche Einfühlung, psychologiegebundenes Mitleid schenkt und dabei das kritisch-diagnostische Beispielhafte seines Scheiterns verdrängt." Akzente setzte Stein auch mit Inszenierungen von Stücken von Kleist, Strauß und Tschechow.

Mit Stein und seinem Kollegen Claus Peymann setzte ein Demokratisierungsprozess des Theaters ein. Beide führten unter dem Einfluss der allgemeinen Politisierung der sechziger Jahre ab August 1970 die Mitbestimmung aller am Theater Arbei-

tenden ein. Damit trat der autoritäre Intendant, der das Theater der Nachkriegszeit geprägt hatte, ab. Peter Stein dazu: „Ein Schauspieler schlägt mir etwas vor, und wenn ich das toll finde, dann sage ich ja, selbst wenn es dem total widerspricht, was ich vorher gedacht habe [...]. Wenn der Schauspieler mich überzeugt mit genau dem Gegenteil zu dem, was ich mir gedacht habe, dann sage ich: ‚Ja, so!'" Jede Inszenierung setzte neue Maßstäbe. Durch Peter Stein wurde die Westberliner Schaubühne „der Nabel der Theaterwelt und der Nabel der Erneuerung", wie es Hellmuth Karasek, 1963 Dramaturg am Stutt-

Ulrich Wildgruber, 19.5.1977

Peter Zadeck,
18.10.1980

dem Dramaturgen Gottfried Greiffenhagen sowie von seiner illustren Schauspielerriege, zu der u.a. Ulrich Wildgruber, Rosel Zeche und Hannelore Hoger gehörten. Dazu kamen Gäste wie O.E. Hasse, Günther Lüders, Hermann Lause, Heinrich Giskes, Lola Müthel und Christine Kaufmann. Peter Stein schreibt 2009: „Einerseits war er jemand, der Schauspielern zuschauen konnte und sie geliebt hat und auf diesen Beobachtungen seine Inszenierungen aufgebaut hat. Gleichzeitig hat er sich für die Autoren interessiert und für die Texte, die er inszenierte. Dabei hat er aber auch [...] eine ganz starke rebellische Phantasie gehabt, die versuchte, diesen Text, bei absoluter Akzeptierung der Autorschaft und sich selber absolut als Interpret zu verstehen, so weit zu dehnen, dass man im Text selber Lücken fand, um mit der eigenen Phantasie hineinzukommen."

garter Staatstheater, 2002 rückblickend formulierte. Ähnlich wie in der Nachkriegszeit Brechts Berliner Ensemble besaß die Schaubühne internationale Reputation, nicht zuletzt durch das Ensemble mit Bruno Ganz, Günter Lampe, Tilo Prückner, Otto Sander, Jutta Lampe und Edith Clever. Peter Zadek verließ Bremen 1967 und arbeitete als freier Regisseur. Ab der Spielzeit 1972/73 übernahm er die Intendanz des Bochumer Schauspielhauses. Er belebte dort mit seinen Reformen das „Volkstheater". Das Theater sollte ideologiefrei und unterhaltsam sein. Unterstützt wurde er in der Umsetzung dieses Anspruchs vor allem von dem Dramatiker Tankred Dorst und

Zadek beschäftigte sich in diesem und im folgenden Jahrzehnt wiederholt mit der Inszenierung von Romanadaptionen, wobei er weiterhin Anleihen bei der Pop-Kultur nahm. Er startete mit der Revue „Kleiner Mann, was nun?" (22. September 1972) nach dem Roman von Hans Fallada, der den Niedergang eines Kleinbürgers in der Weimarer Republik schildert. 45mal wurde das Stück aufgeführt; über 37.000 Zuschauer kamen. Zwei Jahre später brachte er in Bochum „Professor Unrat" mit Günther Lüders auf die Bühne. Sein zweiter Arbeitsschwerpunkt war die Inszenierung klassischer Dramen von Shakespeare, Ibsen, Tschechow, Wedekind, Wilde, Shaw und Sar-

tre. Vor allem seine Shakespeare-Inszenierungen „Kaufmann von Venedig" (1972), „Lear" (1974), „Othello" (1976 am Deutschen Schauspielhaus) und „Hamlet" (1977) bleiben in Erinnerung, zumal sie an ungewöhnlichen Orten stattfanden: „Lear" im Kino, „Hamlet" in einer Fabrikhalle. Volker Canaris, Intendant des Wilhelma Theaters, meinte rückblickend 2006, Zadek habe „sichtbar und für uns, die Zuschauenden, mit-erlebbar" gemacht „Shakespeares Menschen in all ihrem Dreck und Glanz, verloren und unsterblich, töricht und hellsichtig, hassend und liebend – Verlierer und Sieger, aber Sieger (meist) nur in der tiefsten Niederlage, in der Verzweiflung, im Tod [...]."
Zu den Tendenzen der Theaterszene der siebziger Jahre gehört auch die starke Stellung von Dramaturgen. Ohne einen Hermann Beil, Horst Laube, Gottfried Greifenhagen oder Klaus Völker ist das „Regietheater" nicht zu denken. Vielfach agierten sie als Co-Autoren eines Stückes, das von immer neuen Einfällen lebte. Die „Werktreue" der fünfziger Jahre war vorbei. Das „Theaterlabor" in Bremen war von 1975 bis 1978 die Wirkungsstätte von George Tabori. Geschult an Freuds Psychoanalyse trieb er seine Schauspieler „oftmals zu exhibitionistischer Selbstentblößung" (Manfred Brauneck). Tabori scharte einen Kreis junger Schauspieler um sich, zu denen u.a. Brigitte Kahn, Brigitte Röttgers, Veronika Nowag, Detlef Jacobsen und Klaus Fischer gehörten. Es gelang ihm, ein Gemeinschaftsgefühl zu entwickeln. Wer welche Rolle im Rahmen der sieben In-

szenierungen erhielt, entschieden Regisseur und Schauspieler gemeinsam. Auch die Zuschauer bezog Tabori in die Handlung ein: Bei der Aufführung von Edward Bonds „Die Schaukel" (25. März 1977) ging es um die Tötung eines amerikanischen Farbigen. Die Hinrichtung erfolgte auf der Bühne durch die „Steinigung" mit Tomaten, an der sich etwa ein Drittel der Zuschauer beteiligte. Das junge Ensemble gastierte in Holland, Belgien und Polen und trat auch in Jugendstrafanstalten auf.
Agitatorische Straßentheater waren vor dem Hintergrund der Studentenbewegung in den sechziger Jahren entstanden. In der Bevölkerung stießen sie vielfach auf Ablehnung und wandelten sich in den siebziger Jahren: Es entwickelten sich Maskenspiele, Aktionen zum Mitmachen etc. Eine weitere Alternative zu den traditionellen Theatern boten die ebenfalls aus dem Geist der 68er geborenen Kinder- und Jugendtheater, die sich ab Ende der sechziger Jahre vom Weihnachtsmärchen lossagten und nun politische Aufklärung betrieben (z.B. „Grips", Berlin). Dargestellt wurden Alltagsprobleme der Kinder aus deren eigener Sicht. Zur alternativen Theaterszene gehörten ferner die so genannten Freien Gruppen (z.B. „Rote Rübe", München; Berliner „Theatermanufaktur"), die sich auf Vorläufer der Arbeiterbewegung in der Weimarer Republik („Rote Revue", „Trupp 31") bezogen. Es waren Zusammenschlüsse von Theaterleuten, die in der Regel in Lagerhallen und Fabriken spielten.

Siegfried Müller

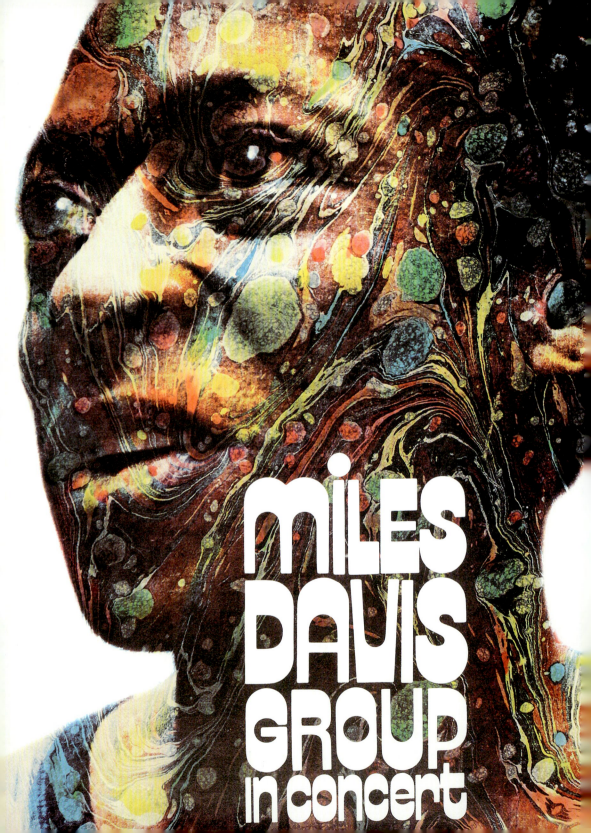

Musik

Die siebziger Jahre brachten große stilistische Vielfalt in die populäre Musik. Vor allem die Rockmusik zeigte neue Trends: Jazz-Rock, Elektronic-Rock, Classik-Rock, Glam-Rock, Progressive-Rock oder den Hard-Rock. Zugleich musste die Musikwelt Verluste verkraften. Im Oktober 1970 starben Janis Joplin und Jimi Hendrix, der im September 1970 auf dem Open Air Love-and-Peace-Festival auf der Insel Fehmarn seinen letzten Auftritt gehabt hatte. Im April 1970 hatten sich die „Beatles" getrennt, um erfolgreich Solokarrieren zu starten: George Harrison brachte noch im selben Jahr sein Studioalbum „All Things Must Pass" heraus, Paul McCartney sein Album „McCartney". 1971 folgte John Lennon mit seinem zweiten Album „Imagine". Dagegen blieben die „Rolling Stones" zusammen. 1971 und 1972 erschienen ihre bedeutenden Alben „Sticky Fingers" und „Exile On Main Street".

Nach den Rock-Festivals Woodstock (August 1969) und Isle of Wight (August 1970), wo u.a. „The Who", Joan Baez, Jimi Hendrix und erstmals „Emerson, Lake & Palmer" auftraten, erreichten die Livekonzert-Tourneen von Rockgruppen auch die Bundesrepublik. Allein von April 1970 bis Februar 1971 fanden von Fehmarn bis München neun Open-Air-Popfestivals statt. Eines der Zugpferde war „Pink Floyd". Ihr bis heute erfolgreiches Album „The Dark Side of the Moon" (1973) wurde vor dem Hintergrund der Weltraumbegeisterung des Jahrzehnts zu einem Klassiker der Progressive-Rockmusik. Nicht minder einflussreich für diese Musikrichtung war die Gruppe „Genesis" mit Phil Collins am Schlagzeug und neben Peter Gabriel als Sänger. Ab 1977 gab der WDR, der in den siebziger Jahren wöchentlich bzw. 14-tägig die Sendungen „Pro Pop Music Shop", „Rock In" und „Radiothek" ausstrahlte, der internationalen Rockmusik zweimal im Jahr in der Essener Grugahalle mit dem live in Radio und Fernsehen übertragenen „Rockpalast" ein Forum. Dort traten unbekannte Künstler gemeinsam mit Stars wie Peter Gabriel auf. Zu den ersten Bands gehörten u.a. „Mother`s Finest" (1978) und „J. Geils Band" (1979). Für Hard-Rock stand die 1968 gegründete Band „Deep Purple". 1970 veröffentlichte sie ihr Album „Deep Purple in Rock", das äußerst erfolgreich war. 1972 folgte „Machine Head", das ihren

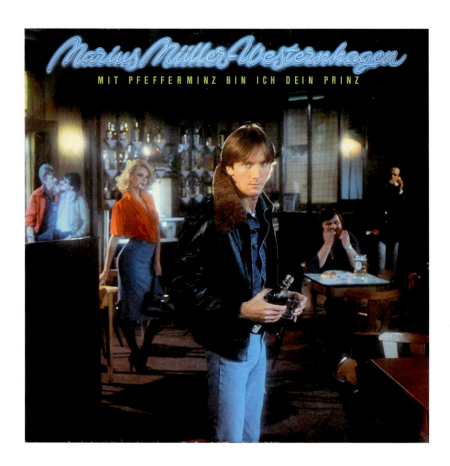

*Marius Müller
Westernhagen,
Mit Pfefferminz bin
ich dein Prinz, 1978*

bekanntesten Song „Smoke on the Wa-
ter" enthält. Weitere wichtige Vertreter des
Hard-Rock waren „Led Zeppelin", „Black
Sabbath", „Uriah Heep" und „Free". Pro-
tagonisten des Glam-Rock, die mit ihrem
androgynen Aussehen und auffälliger Kleidung auf der Bühne standen, waren David
Bowie, Alice Cooper, Gary Glitter, Marc
Bolan von „T. Rex" und Suzi Quatro.
Mit Udo Lindenberg und seinem Panikor-
chester etablierte sich die deutschsprachige Rockmusik. 1972 erschien seine LP
„Daumen im Wind", 1973 das Album „An-

drea Doria", mit dem er seinen Durchbruch
feierte. Ein Jahr später kam seine LP „Ball
Pompös" heraus. Marius Müller-Western-
hagen startete in diesem Jahrzehnt ebenfalls seine Karriere als Rockmusiker. Mit
seinem vierten Album „Mit Pfefferminz bin
ich dein Prinz" von 1978 gelang ihm der
Durchbruch. Zu den ersten und einflussreichsten westdeutschen Rockgruppen
zählt auch die Westberliner Gruppe „Ton
Steine Scherben", die mit ihren sozialkri-
tischen Texten zum Sprachrohr der linksalternativen Szene avancierte. Ihr Front-

mann war Rio Reiser, der in den achtziger Jahren mit seinem Lied „König von Deutschland" populär wurde. Die Bezeichnung für Rockmusik aus Deutschland lautete „Krautrock". Hinter dieser Bezeichnung verbargen sich unterschiedliche Gruppen mit unterschiedlichen Stilen. So stand z.B. „Amon Düül" für den Psychedelic-Rock, während die Gruppe „Birth Control" zum Hard-Rock zu zählen ist.

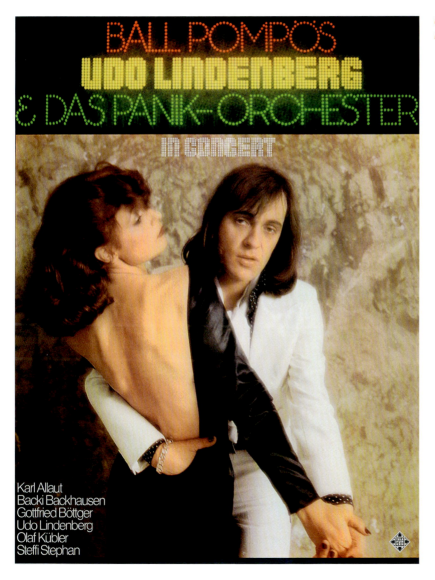

Udo Lindenberg, Ball pompös, 1974

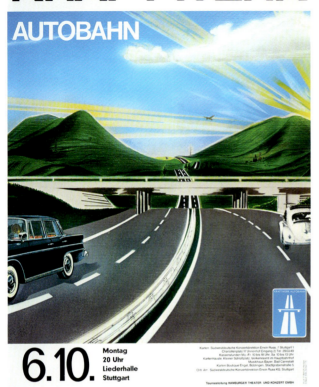

KRAFTWERK
AUTOBAHN

6.10. Montag
20 Uhr
Liederhalle
Stuttgart

*Konzertplakat
Kraftwerk, 1975*

Der deutsche Schlager litt in den siebziger Jahren an den Folgen der Beatlemania, hatte aber dennoch sein Publikum. Hierzu trug nicht zuletzt Dieter Thomas Heck mit seiner ab Januar 1969 ausgestrahlten ZDF-Hitparade bei, in der Interpreten von Heino bis Michael Holm auftraten. Zu den deutschen Schlagerstars dieses Jahrzehnts zählten u.a. Heintje, Peter Alexander, dessen Musiksendungen im ZDF stets sehr hohe Einschaltquoten erzielten, und Udo Jürgens. Zu den „Klassi-

kern" dieses Jahrzehnts gehören die Schlager von Roberto Blanco („Ein bisschen Spaß muss sein", 1972), Heino („Blau blüht der Enzian", 1972), Roy Black („Grün ist die Heide", 1972), Juliane Werding („Am Tag, als Conny Kramer starb", 1972), Rex Gildo („Fiesta Mexicana", 1972), Bernd Clüver („Der Junge mit der Mundharmonika", 1973), Udo Jürgens, der die Arbeitsmigration („Griechischer Wein", 1974) und das Spießertum („Ein ehrenwertes Haus", 1975) thematisierte, Vicky Leandros („Theo, wir fahr`n nach Lodz", 1974), Marianne Rosenberg („Er gehört zu mir", 1975), Peter Maffay („Und es war Sommer", 1976) und Howard Carpendale („Ti amo", 1977).

1971 wurde in Freiburg i.Br. das „Experimentalstudio der Heinrich Strobel-Stiftung des Südwestfunks" gegründet. Zwar war es nicht das erste seiner Art, jedoch schrieb es mit seinem Verfahren der Umformung synthetisch erzeugter und tatsächlicher Klänge Musikgeschichte. Klänge wurden von Komponisten der Neuen Musik im Studio live erzeugt und zugleich von Toningenieuren vor Ort verändert. In Freiburg arbeiteten mit den Mitteln der Live-Elektronik Komponisten wie Pierre Boulez, Klaus Huber oder Luigi Nono. Dagegen gab die neue Komponistengeneration, zu der u.a. Hansjürgen von Bose, Ulrich Stranz, Manfred Trojahn und Wolfgang von Schweinitz zählten, das Experimentieren, u.a. mit elektronischer Musik, auf. Auch die Rockmusik machte sich die technischen Möglichkeiten der Klangerzeugung zu Nutze: Große Erfolge feierte die 1970 gegründete Düsseldorfer Rockgruppe „Kraftwerk" („Autobahn", 1974), die – in der Tradition von Stockhausens Experimenten mit elektronischer Musik stehend – mit dem in den sechziger Jahren erfundenen Synthesizer, mit Sequenzer und Rhythmusgeräten experimentierte und konventionelle Instrumente kaum noch einsetzte.

Die in den sechziger Jahren entstandene deutschsprachige Liedermacher-Szene entwickelte sich im folgenden Jahrzehnt weiter. Zum einen gab es die Musiker, die mit ihrer dezidiert politischen Aussage in der Tradition von Brecht und Kästner standen. Anregungen aus neuerer Zeit kamen von den amerikanischen Protestsängern Woody Guthrie, Pete Seeger und Bob Dylan. Vertreter dieser Richtung waren u.a. Franz-Josef Degenhardt, Dieter Süverkrüp und der 1976 nach einem Konzert in Köln aus der DDR ausgewiesene Wolf Biermann. Eine andere Kategorie von Sängern

Udo Jürgens, Griechischer Wein, 1974

und Textern waren die „Blödelbarden", deren Lieder auf dem Klamauk der studentischen Anarcho-Szene der 68er-Bewegung basierten. Für die Verbindung von Komik und Blödeleien stand das Liedermacher-Quartett „Insterburg & CO." (Peter Ehlebracht, Jürgen Barz, Ingo Insterburg, Karl Dall), das in den siebziger Jahren mit zum Teil selbstgebauten Instrumenten ein Dutzend live und im Studio produzierte Platten veröffentlichte. Das bekannteste Lied der Gruppe sang Ingo Insterburg: „Ich liebte ein Mädchen". Otto Waalkes verdankt seine Popularität der siebziger Jahre u.a. seinen mit Klamauk und Wortwitz vorgetragenen Sprech- und Liedtexten, die auch Gesellschaftskritik enthalten. Mike Krüger sang 1975 „Mein Gott Walther"; 1980 folgte „Der Nippel". Am Ende des Jahrzehnts waren Blödelsongs von Helga Feddersen und Dieter Hallervorden („Du, die Wanne ist voll") und den Gebrüder Blattschuß („Kreuzberger Nächte", 1979; „Frühstück", 1980) populär. Nonsens-Lieder, aber auch kritische Lieder sangen „Schobert & Black". In den siebziger Jahren gingen sie u.a. mit Ulrich Roski und Hannes Wader auf Tournee; 1975 erhielten sie den Deutschen Kleinkunstpreis in der Kategorie „Chanson". Hannes Wader verschrieb sich unter dem Einfluss der DKP Mitte der siebziger Jahre der Neuen

Wolf Biermann im Konzert, 1976

Volksliedbewegung, die sich zum Teil auf Arbeiter-, Seemanns- und Revolutionslieder stützte. Ein Liedermacher eigener Art ist der Schulfreund von Wolfgang „Schobert" Schulz („Schobert & Black"), Reinhard Mey, der sich in seinen vom französischen Chanson beeinflussten Liedern mit Alltagsthemen beschäftigt. Eines seiner bekanntesten Lieder der siebziger Jahre ist „Über den Wolken", in dem er seine Liebe zum Fliegen besingt. In einem anderen Lied aus diesem Jahrzehnt („Annabelle") setzt er sich ironisch mit der 68er-Bewegung auseinander. Ein weiterer wichtiger Liedermacher mit gesellschaftskritischen Aspekten in seinen Kompositionen ist Konstantin Wecker, dem 1977 mit dem Album „Genug ist nicht genug" der Durchbruch gelang.

Der erfolgreichste Stern am Himmel der Popmusik war zweifellos die schwedische Gruppe „Abba", ein Akronym, das sich aus den Anfangsbuchstaben der Vornamen der vier Bandmitglieder (Agnetha, Björn, Benny, Anni-Frid) ableitet. 1974 gewann die nach den „Beatles" erfolgreichste Popgruppe im englischen Seebad Brighton den „Grand Prix Eurovision de la Chanson" mit ihrem Lied „Waterloo". Dies war der Beginn einer großen internationalen Karriere. In den folgenden Jahren produzierte die Gruppe Hit auf Hit (z.B. „Fernando", „The winner takes it all", „Mamma Mia", „Dancing Queen", „Take a Chance on Me", „I have a dream"). In der Bundesrepublik trat Abba u.a. bei Ilja Richter („disco"), Rudi Carrell („Am laufenden Band") und Mi-

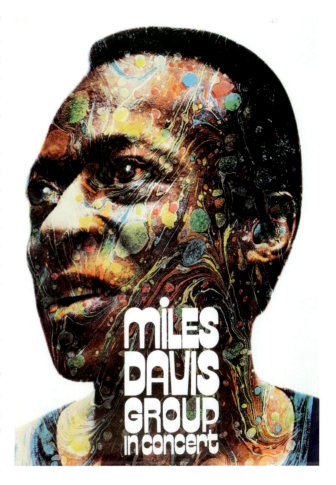

chael Schanze („Showexpress") auf. Für eingängige Popsongs standen als deutsche Gruppe auch die „Les Humphries Singers". Ihre erfolgreichsten Hits waren 1972 „Mexico" und „Mama Loo" sowie 1974 „Kansas City". Einer der Sänger dieser Gruppe war Jürgen Drews, dem 1976 mit „Ein Bett im Kornfeld" der Durchbruch als Solosänger gelang.

Mitte der siebziger Jahre eroberte innerhalb der elektronischen Tanzmusik eine

Konzertplakat Miles Davis auf Europatournee, 1972

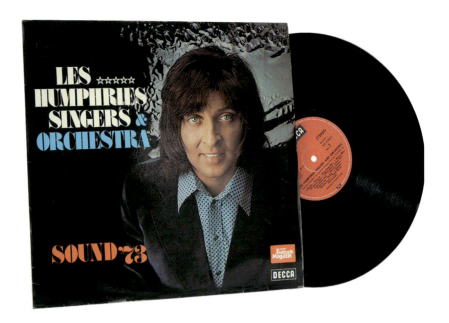

Les Humphries Singers, 1973

neue Richtung aus den Vereinigten Staaten die Diskotheken: Die Disco-Musik. Die ersten Hits waren 1974 und 1975 George McCraes „Rock Your Baby", Carl Douglas` „Kung Fu Fighting" und „Shame, Shame, Shame" von „Shirley & Company". Der Musikproduzent Frank Farian knüpfte 1976 an den neuen Trend an und schuf die Gruppe „Boney M", die mit „Daddy Cool" in die Erfolgsspur kam und 1978 mit „Rivers of Babylon" ihren wohl größten Erfolg feierte. Die „Bee Gees", die in den sechziger Jahren Konkurrenten der „Beatles" gewesen waren, starteten mit Liedern im Disco-Sound („Staying alive", „Night Fever") ihr Comeback. Amanda Lear bereicherte 1977 und 1978 die Disco-Szene mit ihren Hits „Queen of Chinatown" und „Follow Me". Die Pop- und Dis-

cowelle wurde noch verstärkt, nachdem John Travolta in den Musik- und Tanzfilmen „Saturday Night Fever" (1977) und „Grease" (1978) zu sehen gewesen war. „disco" entwickelte sich ab 1971 zur wichtigsten Musiksendung im Fernsehen. Ilja Richter präsentierte Samstagabends angesagte Bands und spielte Sketche. Bei ihm traten sowohl internationale Pop- und Rockstars als auch deutsche Schlagerstars auf. 15 bis 20 Millionen Zuschauer sahen seine Sendung, die es auf 133 Folgen brachte. Unvergessen ist seine mit Verve vorgebrachte Ansage „Licht aus, Spot an!", mit der er die Vorstellung des Gewinners der Quiz-Frage einleitete. Das Pendent zu „disco" war von 1972 bis 1984 der von Radio Bremen als Nachfolger des „Beat-Clubs" produzierte „Musikladen". Er wurde moderiert von Uschi Nerke und Manfred Sexauer.

Der Gegenentwurf zu Pop- und Discomusik war der Punk („No Future"), der seine Vorläufer in den USA („MC5", „The Stooges", „The Velvet Underground") hatte und über England in der zweiten Hälfte der siebziger Jahre seinen Einzug in der Bundesrepublik hielt. Vor allem die „Sex Pistols", die in London die Musikszene aufmischten und die etablierte Gesellschaft schon mit ihrer Debut-Single „Anarchy in the U.K." provozierten und schockierten, waren ein wichtiges Vorbild. Zu den englischen Punkbands der ersten Generation gehörten auch „The Buzzcocks", „The Adverts", „The Clash", „The Damned" und „UK Subs". In der Bundesrepublik trug vor allem die Jugendzeitschrift „Bravo" mit ihren Berichten über die „Sex Pistols" zur Verbreitung des Punk bei. Zu den ersten deutschen Punkbands gehören die Hamburger „Big Balls & The Great White Idiot" (ab 1976), die Berliner Gruppe „PV" (ab 1977) und die „Fred Banana Combo" (ab 1978). Am 11. Oktober 1977 fand in Köln-Rodenkir-

Jürgen Drews, Ein Bett im Kornfeld, 1976

(links) 16 ABBA Hits, 1976

(rechts) George McCrea, Rock your Baby, 1974

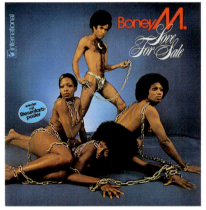

(links) Abba, Waterloo, 1974

(rechts) Boney M., Love for sale, 1977

(links) bla-bla blattschuss, 1978

(rechts) James Last, non stop party 13, 1971

chen das erste Punkkonzert statt. Außer Köln und Düsseldorf wurden Berlin und Hamburg die Zentren des Punk. Campino (Andreas Frege), Sänger der 1982 gegründeten Punkband „Die Toten Hosen", meinte rückblickend zu dieser Musikrichtung: „Das war 'ne Revolution. Das war 'ne Explosion [...]. Das ist einfach eine Momentaufnahme. Aber sie hat viel ins Wackeln gebracht [...]." Nach 1989 blühte der Punk noch einmal auf, nicht zuletzt deshalb, weil es in Ostdeutschland einen Nachholbedarf gab, wo die Punks ab Anfang der achtziger Jahre vom Staat verfolgt worden waren.

Im Jazz lief die Entwicklung seit den sechziger Jahren auf den Free Jazz zu, der vom Rundfunk sowie den Ländern und Kommunen gefördert wurde. Musiker wie der Posaunist Albert Mangelsdorff oder der Vibraphonist Gunter Hampel emanzipierten sich von ihren amerikanischen Vorbildern und schufen eigene Klangwelten.

Zu den Siebzigern gehören auch die Bigbands von James Last, Max Greger, Kurt Edelhagen, der mit seinem Orchester bei den Olympischen Sommerspielen in München 1972 spielte, und Paul Kuhn. Sie alle kamen aus dem Jazz. James Last gelang es sogar, einen eigenen populären Sound, den „James Last Happy Sound", zu kreieren. Max Greger arbeitete in den sechziger und siebziger Jahren für das ZDF, wo er mit seinem Orchester die Unterhaltungssendungen „Vergissmeinnicht", „3 mal 9", „Der Goldene Schuß" und „Musik ist Trumpf" musikalisch begleitete. 1971 gründete

auch die Bundeswehr eine Big Band, die von Günther Noris geleitet wurde. Peter Herbolzheimers Big Band „Rhythm Combination and Brass" experimentierte u.a. mit E-Bass und E-Piano. 1976 stellte Herbolzheimer für wenige Jahre zusätzlich die „All Star Band" auf.

Siegfried Müller

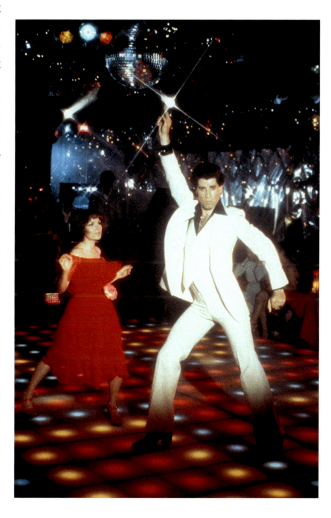

John Travolta, 1977

Film und Fernsehen

Der Neue deutsche Film erreichte in den Siebzigern internationale Reputation und Erfolge an den Kinokassen. Er lebte von der Widerspiegelung des bundesrepublikanischen Alltags. Die Zusammenarbeit von Film und Fernsehen in Gemeinschaftsproduktionen entsprechend dem im November 1974 verabschiedeten „Film-Fernseh-Abkommen" zwischen ARD, ZDF und deutscher Filmwirtschaft erwies sich als fruchtbar. Nach 24 Monaten Kinoauswertung konnte der jeweilige Film im Fernsehen ausgestrahlt werden. Zudem erhielten aufgrund des Filmförderungsgesetztes von 1974 junge Filmemacher nun höhere Fördermittel. Jährlich entstanden zwischen acht und 20 Koproduktionen, darunter Fassbinders „Die Ehe der Maria Braun", Wenders „Der amerikanische Freund", Sinkels „Lina Braake" und Bohms „Nordsee ist Mordsee". Mithilfe der Filmförderung konnte auch eine Reihe von Literaturverfilmungen nach Werken von Goethe, Fontane, Storm, Ibsen, Tho-

Die Blechtrommel, 1979

mas Mann, Hans Fallada, Jacob Wassermann und Alfred Döblin realisiert werden. Vor dem Hintergrund der Terrorismusdebatte verfilmten Volker Schlöndorff und Margarethe von Trotta 1974/75 als erste Gemeinschaftsproduktion Heinrich Bölls Roman „Die verlorene Ehre der Katharina Blum". Von Trotta führte außerdem in zwei weiteren Filmen über politische Gewalt und deren Scheitern Regie. Der Film zeigt, wie eine junge unbescholtene Frau durch eine Zufallsbekanntschaft ins Visier von Polizei und Medien gerät. Als sie den Druck aus Vorurteilen und Hass nicht mehr erträgt, greift sie zur Waffe. 1978 fand die Auseinandersetzung mit dem RAF-Terror ihre filmische Fortsetzung in „Deutschland im Herbst", einem Gemeinschaftswerk u.a. von Rainer Werner Fassbinder, Volker Schlöndorff, Alexander Kluge, Edgar Reitz, Alf Brustellin und Bernhard Sinkel. 1979 verfilmte Schlöndorff Günther Grass` Roman „Die Blechtrommel", der im Danzig der zwanziger und dreißiger Jahre spielt. Der Film wurde 1980 als erster deutscher Film nach dem Zweiten Weltkrieg mit einem Oscar für den besten ausländischen Film ausgezeichnet.

Rainer Werner Fassbinder, Werner Herzog und Wim Wenders gehörten zu den wichtigsten Repräsentanten des Neuen deutschen Films. Fassbinder war sicherlich der umstrittenste und produktivste. Er produzierte 33 Spielfilme, außerdem Fernsehserien, Hörspiele und Produktionen für das Theater. Er war sowohl Produzent als auch Drehbuchautor, Regisseur, Kameramann, Schauspieler und Cutter. Fassbinder, dessen Vorbild Douglas Sirks Filme waren, nahm sich in seinen Filmen der Außenseiter an, die gegen gesellschaftliche Strukturen, gegen Rassismus und Ausländerfeindlichkeit, kämpften (z.B. „Warum läuft Herr R. Amok", 1970; „Wildwechsel", 1972; „Angst essen Seele auf", 1973; „Fontane Effi Briest", 1974). Sein bekanntestes Projekt war die so genannte BRD-Trilogie, in der er sich mit der ver-

Filmplakat „Der amerikanische Freund", 1977

*Filmplakat
„Moonraker", 1979*

drängten Vergangenheit in der Nachkriegszeit auseinandersetzte („Die Ehe der Maria Braun", 1979; „Lola", 1981; Die Sehnsucht der Veronika Voss", 1982).

Wim Wenders' Filme stehen in der Tradition der Neuen Subjektivität und ihrer Vielfalt, wie sie sich in diesem Jahrzehnt auch in der Literatur und im Theater zeigt. Mit Peter Handke, einem Protagonisten der Neuen Subjektivität, arbeitete er bei der Verfilmung von dessen Roman „Die Angst des Tormanns beim Elfmeter" (1971) zusammen. Sein Hauptwerk dieses Jahrzehnts ist sein road-movie „Im Lauf der Zeit" (1976), in dem zwei Männer sich selbst finden wollen. Das Thema der Selbstfindung griff er auch in den achtziger Jahren auf. Die Frauenfilme von Helke Sander, Margarethe von Trotta und Helma Sanders-Brahms aus den Siebzigern sind ein Beispiel für die Suche der Frau nach ihrer eigenen Identität.

Zur Filmkultur der siebziger Jahre gehören aber auch die populären Lümmel- und Paukerfilme aus deutscher Produktion und aus internationaler die James-Bond-Filme sowie die in der Tradition der sechziger Jahre stehenden „Italo-Western" mit Bud Spencer und Terence Hill bzw. Mario Girotti. Der Erfolg der Oswald Kolle-Filme der sechziger Jahre setzte sich ohne dessen aufklärerischen Impetus ab 1970 in zahlreichen Schulmädchen- und Hausfrauenreport-Filmen fort. In der zweiten Hälfte der siebziger Jahre erwuchs solchen Sexfilmen Konkurrenz durch Pornofilme, die in speziellen Kinos liefen. Aus den USA kam Anfang des Jahrzehnts eine Reihe von Katastrophen-

filmen in die bundesdeutschen Kinos. In der zweiten Hälfte der siebziger Jahre folgten Science-fiction-Filme wie George Lucas` „Krieg der Sterne" (1977) und Irvin Kersheners „Das Imperium schlägt zurück" (1979). Für die amerikanische Filmkomödie war vor allem Woody Allen zuständig, der treffend die psychischen Probleme amerikanischer Großstädter aufzeigte („Der Stadtneurotiker", 1977; „Manhattan", 1978). Kommerziell erfolgreich waren auch Peter Bogdanovichs „is was Doc?" (1971), Francis Ford Coppolas „Der Pate" (I und II, 1971/1974) und der die Sinnlosigkeit des Vietnamkriegs thematisierende Apocalypse Now" (1979), Sam Peckinpahs Kriegsfilm „Steiner – Das Eiserne Kreuz" (1976) sowie Steven Spielbergs „Der weiße Hai" (1974) und „Unheimliche Begegnung der dritten

(links) Filmplakat „§ 218 – Wir haben abgetrieben, Herr Staatsanwalt", 1971

(rechts) Filmplakat „Schulmädchenreport, 9. Teil", 1975

Art" (1977). Eine der besten Parodien auf die Agentenfilme des Jahrzehnts kam aus Frankreich: „Der große Blonde mit dem schwarzen Schuh" (1972).

Für das Fernsehen eröffnete die Technisierung der siebziger Jahre mit Satelliten- und Kabelfernsehen neue Möglichkeiten der Verbreitung. Die Sender bauten jetzt ihre Programme aus. Die größere Zahl an Programmen machte eine Fernbedienung zum bequemen Hin- und Herschalten nötig. Die ersten Videogeräte kamen auf den Markt; erstes Produkt war Sonys U-Matic-System von 1971. Für private Haushalte wichtiger wurde das VHS-System von JVC, das sich bis zum Zeitalter des digitalen Fernsehens behauptete.

Großen Anklang fanden „Ein Herz und eine Seele" (1974) mit „Ekel Alfred" – eine Satire auf das deutschen Kleinbürgertum

–, die Comedy-Serie „Klimbim" (1973–1979) mit der sehr freizügig auftretenden Ingrid Steeger sowie die Kriminalfilmserien „Der Kommissar" zunächst mit Erik Ode, „Derrick" mit Horst Tappert und Fritz Wepper sowie „Der Alte" mit Siegfried Lowitz. Am 29. November 1970 strahlte die ARD ihren ersten Tatort „Taxi nach Leipzig" mit Walter Richter als Kommissar Trimmel aus. Aus den USA und Großbritannien kamen Krimiserien, u.a. „Die Zwei" (ab 1972) mit

(links) Filmplakat „Steiner – Das eiserne Kreuz", 1977

(rechts) Filmplakat „Mein Name ist Nobody", 1973

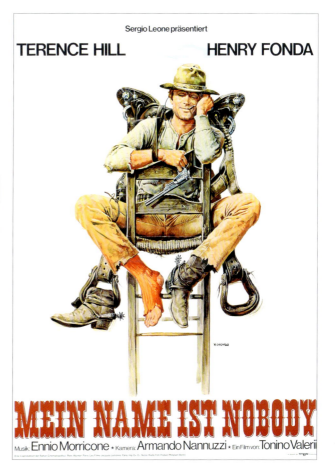

125

Roger Moore und Tony Curtis, „Cannon" (ab 1973), „Petrocelli" (ab 1974), „Die Straßen von San Francisco" (ab 1974) mit Karl Malden und Michael Douglas, „Detektiv Rockford" (ab 1976) mit James Garner, „Starsky & Hutch" (ab 1978) sowie „Drei Engel für Charlie" (ab 1979). Kultstatus hatte die Science-fiction-Serie „Raumschiff Enterprise" (ab 1972) mit Captain Kirk und Mr. Spock. Westernserien wie „Die Waltons" (ab 1975) und „Die Leute von der Shiloh-Ranch" (ab 1979) ergänzten die Vielzahl amerikanischer Serien im deutschen Fernsehen.

Große Unterhaltungssendungen waren dem Samstagabend vorbehalten. Dietmar Schönherr und Vivi Bach moderierten von 1969 bis 1972 „Wünsch Dir was". Große Aufregung löste im November 1970 eine 17-jährige Kandidatin aus, die eine durchsichtige Bluse ohne BH trug. 1971 konnte eine Mitwirkende erst im letzten Moment aus einem zuvor in einem Wasserbassin versenkten Auto gerettet werden. Hans Rosenthal moderierte „Dalli-Dalli" (1971–1986), Rudi Carell „Am laufenden Band" (ab 1974), Peter Frankenfeld „Musik ist Trumpf" (1975), Joachim Fuchsberger „Auf los geht`s los" (1977–1986) und Wim Thoelke „Drei mal neun" (1970–1974) sowie „Der Große Preis" (1974–1993). Für erfolgreiche Musiksendungen standen Anneliese Rothenberger („Anneliese Rothenberger gibt sich die Ehre", ab 1971) und Peter Alexander („Peter Alexander präsentiert Spezialitäten", 1969–1978).

Eberhard Fechner war der Mann für Dokumentarspiele. „Tadellöser & Wolf" (1974) nach dem gleichnamigen Roman von Walter Kempowski und „Die Comedian Harmonists" (1975/76) zeigten seine Handschrift.

Das Fernsehen entdeckte ebenfalls das Kind als Konsument, indem es neue Formate entwickelte. Ab 1971 gab es die „Sendung mit der Maus", außerdem „Maxifant und Minifant. Das feuerrote Spielmobil", ab 1973 die deutsche Fassung der US-Serie „Sesame Street" mit Ernie und Bert sowie Oskar aus der Mülltonne und ab 1975 die „Biene Maja" mit dem Titelsong von Karel Gott. Weitere Kindersendungen der siebziger Jahre waren „Pan Tau", „Heidi", „Wickie und die starken Männer", „Barbapapa" und „Pinocchio". Die Faszination für die Sendungen der Augsburger Puppenkiste war ungebrochen. Vor allem „Jim Knopf und Lukas der Lokomotivführer" und die Muppet-Show standen hoch im Kurs. In der linksalternativen Szene war die „Rappelkiste" beliebt, weil sie Themen der antiautoritären Pädagogik aufgriff. Am häufigsten von Kindern gesehen wurden allerdings die Serien „Flipper", „Lassie", „Daktari" und „Schweinchen Dick".

Zu den bisherigen Tiersendungen von Bernhard Grzimek und Heinz Sielmann kamen Jacques Cousteaus Reihe „Geheimnisse des Meeres" (1973) und Horst Sterns „Stern Stunde" (ab 1970) hinzu. Stern nahm sich in jeder Folge einer Tierart an, um sie – als Gegenentwurf zu Grzimeks Tierleben – zu entanthromorphisieren und stattdessen ihre tatsächliche Lebensweise zu erklären.

Seit den sechziger Jahren gibt es im Fernsehen politische Magazine, die kritisch über Missstände in Politik und Gesellschaft berichten. So mancher Bericht wurde in den siebziger Jahren zum Politikum – der politische Druck auf die Sender war sehr groß.

Klimbim, 1976

Vor allem das vom NDR ausgestrahlte politische Fernsehmagazin „Panorama" machte wiederholt Schlagzeilen. 1974 nahm die
ARD einen Beitrag von Alice Schwarzer zum
Thema „Abtreibung" aus dem Programm,
1978 führte eine Sendung über das Wir-
ken des baden-württembergischen Minis-
terpräsidenten Hans Filbinger im Dritten
Reich zu dessen Rücktritt. Im selben Jahr
wurde wegen der Berichterstattung über
das Kernkraftwerk Brokdorf der NDR-
Staatsvertrag gekündigt. Erst gegen Ende
des Jahrzehnts folgte die „politische Ent-
schärfung der Fernsehprogramme und die
Ausrichtung auf Unterhaltung" (Knut Hickethier), die in den Achtzigern durch die
Einführung von kommerziellen Sendern weiter voranschreiten sollte.

Ein neues Sendeformat war die Talkshow,
die Einblicke in das Leben von Promi-

*(oben) Die Straßen von
San Francisco, 1975*

*(unten) Dalli Dalli,
25.10.1973*

nenten und Normalbürgern erlauben sollte. Von März 1974 bis Juli 1978 lief als
erste Talkshow im deutschen Fernsehen
„Je später der Abend", zunächst mit Dietmar Schönherr, dann mit Hansjürgen Ro-
senbauer, gefolgt von Reinhard Mün-
chenhagen als Talksmaster. Legendär wurde 1974 der Auftritt von Romy Schneider
und Burkhard Driest bei Schönherr. Seit
November 1974 läuft die Bremer Talkshow „III nach neun". Die ersten Mode-
ratoren waren Marianne Koch, Wolfgang
Menge und Gert von Paczensky. 1976
folgte bis 1982 Alfred Bioleks „Kölner
Treff", 1978 „Bio's Bahnhof". Ab 1979
produzierte der NDR die Talkshow „Talk
nach neun", aus der später die „NDR-Talk-
show" wurde.

Siegfried Müller

(oben) Derrick, 1974   *(unten) DISCO, 1971*

Sport

I m Sport erlebte die Bundesrepublik eine Reihe von Großveranstaltungen. Sie begann 1972 mit den Olympischen Sommerspielen in München, bei der die Mannschaften der Bundesrepublik und der DDR erstmals unter ihren eigenen Fahne und Hymnen in das Stadion einzogen. Die Spiele, als „heitere Spiele" geplant, gingen auch als Ort der Geiselnahme und Ermordung israelischer Athleten in die Sportgeschichte ein. 7.123 Athleten und Athletinnen aus 122 Ländern nahmen teil. Sie maßen sich in 195 Wettbewerben in 21 Sportarten. Erfolgreichste bundesrepublikanische Sportlerin mit

zwei Gold- und einer Silbermedaille war Heide Rosendahl („Miss Leichtathletik"). Die 16-jährige Ulrike Meyfarth gewann Gold im Hochsprung, Klaus Wolfermann im Speerwurf und Hildegard Falck über 800 m. Im Medaillenspiegel rangierte die Bundesrepublik hinter der UdSSR, den USA und der DDR auf Platz 4.

Was unbeschwert begonnen hatte, endete tragisch. Am Morgen des 5. September 1972 wurde bekannt, dass acht Terroristen der palästinensischen Bewegung „Schwarzer September" die israelische Olympiamannschaft überfallen hatten. Die Forderung der Terroristen nach Freilassung von 232 Palästinensern aus israelischer Haft wurde nicht erfüllt. Bei einem Befreiungs-

Trimmen, 1972

Franz Beckenbauer mit dem WM-Pokal, 7.7.1974

versuch auf dem Flugplatz von Fürstenfeldbruck starben alle neun Geiseln sowie
fünf Terroristen und ein deutscher Polizist;
drei Terroristen wurden festgenommen. Die
Spiele wurden zunächst für einen Tag un-
terbrochen. Schließlich ließ IOC-Präsident
Avery Brundage mit dem berühmten Satz
„The games must go on!" die Spiele fort-
setzen. Sie endeten am 11. September.

Zu den populärsten Wintersportlerinnen
dieses Jahrzehnts gehörte auch die zwei-
fache Olympiasiegerin von 1976, die Ski-
läuferin Rosi Mittermaier („Gold Rosi"). In
Innsbruck gewann sie in der Abfahrt und
im Slalom je eine Gold-, außerdem im Rie-
senslalom eine Silbermedaille. 1974 fand
die Fußballweltmeisterschaft in der Bundesrepublik statt. In der ersten Finalrun-
de kam es zum einzigen jemals zwischen
der Bundesrepublik und der DDR ausge-
tragenen Länderspiel, das die DDR durch
das Tor von Jürgen Sparwasser mit 1:0 für
sich entschied. Die bundesdeutsche
Mannschaft um Sepp Maier, Franz Beckenbauer, Paul Breitner, Wolfgang Ove-
rath und Gerd Müller gewann die WM durch
ihren 2:1-Sieg im Endspiel über die Niederlande. Damit war sie nach 1945 zum
zweiten Mal Fußballweltmeister. Erfolgreich
waren auch die bundesdeutschen Hand-
baller, die 1978 in Dänemark den Welt-
meistertitel errangen. Im Vereinsfußball gaben der FC Bayern München und Borus-
sia Mönchengladbach den Ton an, die drei-
mal bzw. fünfmal die Meisterschaft gewannen. Zur Schattenseite des deutschen
Fußballs gehört der Bundesliga-Beste-

chungsskandal von 1971. Anfang der siebziger Jahre etablierte sich der Frauenfußball, nachdem der Deutsche Fußball Bund (DFB) seine ablehnende Haltung aufgegeben hatte. 1974 fand die erste deutsche Frauenmeisterschaft statt; es gewann der TUS Wörrstadt. Die Kommerzialisierung des Sports schritt voran: In den Fußballstadien gab es Reklametafeln; ab 1972 agierten Firmen als Sponsoren und warben auch auf den Trikots der Spieler für ihre Produkte. Auch der Reitsport hatte Erfolge zu verzeichnen: 1971 wurde Liselott Linsenhoff Europameisterin in der Dressur, 1973 Reiner Klimke. Alwin Schockemöhle wurde 1975 Europameister und 1976 Olympiasieger im Springreiten.

Außer dem Spitzensport förderte der Staat auch den Breitensport. Am 16. März 1970 startete der Deutsche Sportbund (DSB) die „Trimm-Dich-Bewegung", um die physischen Folgen des Wirtschaftswunders, der Verstädterung und des Autobesitzes, nämlich den sogenannten Wohlstandsbauch bzw. das Übergewicht, abzubauen. Die Comic-Figur „Trimmy" rief die Bevölkerung mit den Sprüchen „Lauf mal wieder", „Kick mal wieder", „Schwimm mal wieder" auf, aktiv zu sein. „Ohne Fitness des Volkes", so der DSB, „ist auf Dauer der Fortschritt gefährdet." Bereits im ersten Jahr der „Trimmspiele" 1971 gab es 2.533 Veranstaltungen, davon allein über 600 zum Volkswandern. Bis 1982 fanden 50.000 Veranstaltungen wie Volkswandertage, Voksläufe und Volksradfahren statt. Etwa 16 Millionen Menschen nah-

Breitensport: Trimm Dich 1975

men daran teil. Ab 1973 richteten Städte sogenannte Trimm-Parks ein, die sich an Menschen wandten, die nicht Mitglied in einem Sportverein waren und ihr Übergewicht verlieren sollten bzw. wollten. Dort konnte man an Holzgeräten Übungen absolvieren und Federball oder Tischtennis spielen. Trimm-Dich-Pfade in Wäldern boten an den einzelnen Stationen entsprechende Übungen wie Klimmzüge, Hüpfen über Baumstämme, Balancieren, Bockspringen, Klettern, Liegestütze etc. an. Im April 1975 wurde in Frankfurt am Main die Kampagne „Laufen ohne zu schnaufen" als Antwort auf den allgemein zunehmenden Bewegungsmangel aus der Taufe gehoben. Prominente wie der damalige Bundespräsident Walter Scheel, Luise Ullrich, Rudolf Schock, Rudi Carrell, Frank Elsner, Horst Tappert und Max Greger stellten sich in den Dienst dieser Bewegung.

Siegfried Müller

Barbie, Barbapapa, Bonanzarad – im Kinderzimmer wird es voll

Die Kinder der siebziger Jahre waren die ersten, die von einem neuen Erziehungsstil profitierten, der von den pädagogischen Zielen, Normen und Leitbildern der antiautoritären Erziehung geprägt wurde. Nicht nur die Erzieher, sondern auch viele Eltern wollten ihre Kinder frei von Zwängen und der Übermacht Erwachsener groß ziehen, damit diese der Entfaltung der kindlichen Persönlichkeit nicht im Weg standen. Es gilt das Ideal der Rechte, der Freiheit und der Entwicklungsautonomie des Kindes. Ziele waren die Förderung der Eigenständigkeit, Selbstverantwortung und Kreativität des Kindes (vgl. Kapitel „Schule und Bildung"). Auch in der Schule schlugen sich die neuen pädagogischen Ideale nieder. Die neue Lehrergeneration wollte eher Freund und Vertrauter der Schüler sein als Zuchtmeister. Junge Lehrer boten deshalb oft nachmittags auf freiwilliger Basis Arbeitsgemeinschaften (AGs) an, die den Schulunterricht um praktische und kreative Erfahrungen erweiterten, wie Theatergruppen oder Töpferkurse. Für die Kinder der siebziger Jahre hatte die Schule damit einen Teil des Schreckens verloren, den Generationen von Schülern vorher mit ihr verbanden. Lernen sollte nun Spaß machen.

Ein weiteres wichtiges Phänomen in den siebziger Jahren ist der sogenannte Pillenknick. Nachdem zwischen 1955 und 1965 ein Babyboom nach den schweren Kriegs- und Nachkriegsjahren zu verzeichnen war, führte die Einführung der sogenannten Antibabypille zu einer Reduktion der Geburtenrate von 2,5 Kindern pro Frau auf durchschnittlich 1,5 Kinder. Weniger Kinder hieß, dass für das einzelne Kind mehr Platz und Geld zur Verfügung standen, zumal die Knappheit der Nachkriegsjahre endgültig einem vergleichsweise flächendeckenden Wohlstand gewichen war. Dies äußerte sich darin, dass Kinder nun eigene Kinderzimmer und viel Spielzeug hatten, eigene, kindgerechte Kindermöbel und ganze Jugendzimmereinrichtungen. Wer es sich leisten konnte, strebte für jedes Kind ein eigenes Zimmer an, zumindest aber eine Geschlechtertrennung bei den Kindern. Weniger Kinder pro Familie bedeuteten mehr Geld, mehr Geschenke und mehr Spielsachen, zumal durch die Verwendung neuer Materialien, vor allem der neuen Kunststoffe, Spielzeug preiswerter wurde.

Während Plastik in den siebziger Jahren zum vorherrschenden Material für Spielzeug wurde – weil es leicht, in jeder Farbe einzufärben und in jede beliebige Form zu bringen, gleichzeitig abwaschbar und damit hygienisch ist – begann am Ende des Jahrzehnts in umweltbewussten Kreisen ein Umdenken, das wieder mehr Holzspielzeug forderte, weil Kunststoffe nicht nur bunt, formenreich und abwaschbar waren, sondern auch oft gesundheitsgefähr-

Elektrischer Raum-
schiff-ROBOTER,
1970er Jahre

dende Chemikalien ausdünsteten. Am Anfang des Jahrzehnts herrschte allerdings bei Kindern wie bei Eltern eine weitgehend kritiklose Begeisterung für die bunten, leichten Spielzeuge.

Die über Jahrhunderte herrschende geschlechtsspezifische Vorgabe von Spielzeug speziell für Jungen und Mädchen wurde aufgebrochen. Zuvor war es vor allem als Hilfsmittel zur Vorbereitung des Kindes auf das spätere Erwachsenenleben gesehen worden. Jungen hatten Soldaten, Eisenbahnen, Autos und Baukästen bekommen, um sich auf ein Berufsleben als Soldat, Lokomotivführer, Automechaniker oder Ingenieur vorzubereiten. In der Schule hatten Jungen Werkunterricht, während Mädchen Nähen, Sticken und Häkeln lernten. Mädchen hatten Puppen und Spielzeugnähmaschinen, Puppenstuben, Spielherde und Stickvorlagen bekommen, um sich auf ein Leben als Hausfrau und Mutter vorzubereiten. Diese Unterschiede wurden nun in Teilen aufgeweicht. Nur in Teilen, weil die Eltern zwar nicht mehr so streng die Art des Spielzeugs vorgaben, die Interessen der Kinder aber dennoch oft geschlechtsspezifisch waren. Jungen liebten nach wie vor die Matchboxautos und ihre Märklin-Eisenbahn, und Mädchen liebten Puppen und Puppenstuben. Außer Kaufläden und Kinderpost gab es nun eine Vielzahl von Spielzeugen, die von Kindern beiderlei Geschlechts bespielt werden konnten. Die geschlechtsspezifischen Spielzeuge blieben erhalten, aber die Kinder suchten sie sich in den siebziger Jahren selbst aus; sie wurden ihnen nicht aus pädagogischen Gründen aufgedrängt. Mädchen bekamen nun auch Eisenbahnen und Jungen mitunter auch Puppen, wenn sie sie sich wünschten. Soldaten und kriegerisches Spielzeug wurde von vielen Eltern dagegen nicht gerne gesehen. Das änderte allerdings nichts daran, dass Jungen die Soldaten im Maßstab 1 zu 72 liebten, Plastikcowboys und Indianer von Timpo Toys und anderen Herstellern haben wollten und Ritter samt Ritterburgen auf den Wunschzetteln ganz oben standen.

Das Aufbrechen der Rollenklischees wurde auch in den Kinderbüchern der Zeit deutlich. In Astrid Lindgrens Pippi Langstrumpf ist die Heldin ein Mädchen, dessen Vater Seeräuberkapitän und ständig abwesend ist, das eine Villa, ein Pferd und einen Affen besitzt. Welches Mädchen möchte nicht so stark sein, dass es ein Pferd in die Luft stemmen kann? Ein neuer Typ von Mädchen, nicht mehr in der klassischen Rolle derjenigen, die von Jungen beschützt wird, sondern selbst Abenteuer bestehend, drängte nun in die Bücherregale. Dabei konnte die neue Mädchenpower sich in einer reinen Mädchengruppe ausleben wie in den beliebten Buchreihen „Dolly" und „Hanni und Nanni", die beide im Internat spielen, oder in einer fantastischen Umgebung wie in Otfried Preußlers „Die kleine Hexe" oder in einer gemischten Mädchen-und-Jungen-Gruppe wie in Enid Blytons „Fünf Freunde" oder „Die drei

playmobil-Figuren, 1974

???". Mädchen sind in diesen Geschichten auch frech und agil, einfallsreich, eigensinnig und selbstbewusst, wie es zuvor nur Jungen zugebilligt wurde. In den Weltraum reisten Kinder in der beliebten „Monitor"-Serie von Rolf Ulrici.

Konterkariert wurde dieses neues Mädchenbild nach Meinung der Frauenbewegung von der Barbiepuppe. Die Barbies hatten in den siebziger Jahren außer Kleidern und ihrem männlichen Begleiter Ken auch Reitpferde, Häuser, Fahrräder und Möbel. Die Firma Mattel erfand als Pendant für Jungen Big Jim, der als muskelbepackter, agiler Supermannverschnitt und mit passender Ausrüstung allerlei Abenteuer bestehen konnte.

Seit ihrer Entstehung in den fünfziger Jahren ist die Barbiepuppe bei Eltern genauso umstritten wie sie von kleinen Mädchen geliebt wird. In den siebziger

Jahren war der erstarkten Frauenbewegung die Barbie ein Dorn im Auge mit ihrem grotesk gelängten Körperbau, den vollen Brüsten und ihrer oberflächlichen Reduzierung des Rollenmodells der Frau auf Aussehen und Mode, im Sinne von schön, sexy und angepasst. Dieser Kritik, ein falsches Frauenideal zu propagieren, ist Barbie auch heute noch ausgesetzt. Dennoch verkörperte die Barbiepuppe auch schon in den siebziger Jahren einen modernen, selbstbewussten Frauentyp, allerdings einen, der auf einen recht oberflächlichen, an Mode und Freizeitvergnügen orientierten Charakter schließen ließ.

Dabei war es gar nicht sicher, dass Barbie nicht ihr Leben durch einen qualifizierten, gutbezahlten Job finanzierte, der nicht Friseurin, Kosmetikern, Modeverkäuferin oder Sekretärin hieß, und nur in ihrer Freizeit Party machte und Abenteuer bestand.

Während das Spielzeug in den siebziger Jahren immer vielfältiger und preiswerter wurde durch die Verwendung der modernen Kunststoffe, gab es gleichzeitig eine reformerische Bewegung, die an Spielzeug besondere Anforderungen stellte. Die neuen Ansprüche bedeuteten, dass es kindgerecht, d.h. pflegeleicht und farbenfroh

Bonanzarad,
1970er Jahre

Ernie und Bert –
Spielfiguren,
1970er Jahre

sein und nach Möglichkeiten gleicherma-
ßen die kognitiven, sozialen und hapti-
schen Fähigkeiten fördern sollte. Dabei
sollte es den Kindern auch noch Spaß machen. Auf diesen Trend sprangen viele Firmen auf.

Zu den beliebten Spielzeug-Klassikern gehörten in den siebziger Jahren die Lego-
steine. Bereits seit 1958 auf dem deutschen Markt, entwickelte sich ihr Formen-
und Motivreichtum in rasanter Weise. Besonders als 1970 die erste Burg angeboten wurde und mit Fabuland ab 1978 eine lustige Serie mit Spielfiguren mit verschiedenen Tierköpfen, zu denen es eine
eigene Agenda gab, waren die bunten Bau-
steine aus Dänemark sehr gefragt. Lego
bot 1971 im Sog der Diskussion um die
Neue Mathematik und der kurz darauf in
den Schulen neu eingeführten Mengen-

lehre und der dafür erforderlichen Baukästen einen Kasten „Denken mit Lego"
an. Andere beliebte Bausysteme der Zeit
sind „Constri", „Baufix", „Plasticant" und
„Fischer Technik".

In den gleichen Bereich zählen Lernspiele,
bei denen man durch einen batteriege-
stützten elektrischen Impuls die Richtig-
keit der Antwort kontrollieren konnte. Erste Telespiele für den Fernseher kamen Ende der siebziger Jahre auf. Beliebt waren
auch Geschicklichkeitsspiele. Der Spie-
lenachmittag am Wochenende war in vielen Familien verbreitet, wodurch es einen
Boom im Gesellschaftsspielesektor gab.
Haptische Fähigkeiten konnten Kinder mit
dem farbenfrohen Miniaturmosaik Ministeck verbessern, mit dem sich nach Vor-
lagen Schiffe, Tiere und berühmte Fern-
sehfiguren wie die „Biene Maja" und auch

Motive nach der Fantasie zusammenstecken ließen.

Die Kreativität der Kinder sollte gefördert werden. Zu diesem Zweck wurde generationenübergreifend gebastelt. Neu in diesem Fach war Malen nach Zahlen, bei dem sich mit einer nach Farben vereinfachten, durchnummerierten Vorlage Ölgemälde auch von Unbegabten herstellen ließen. Malbücher waren sehr beliebt. Playmobil brachte 1974 nicht nur seine bis heute beliebten Spielfiguren heraus, sondern auch Malbücher. Die Ritter, Bauarbeiter und Indianer der ersten Stunde von Playmobil bekamen schnell weiteren Zuwachs. Wurde mit „Lego" vor allem gebaut, zerstört und neu gebaut, so wurde mit Playmobil gespielt. Allerdings sahen die meisten Eltern diesen gravierenden

Nutzungsunterschied nicht ein. Aus finanziellen Gründen waren die meisten Kinder in den siebziger Jahren entweder Lego- oder Playmobilkinder, nur sehr wenige hatten beides. Der besondere pädagogische Ansatz der Playmobilfiguren lag von Anfang an darin, es Kindern zu ermöglichen, die reale Welt der Erwachsenen, also auch die der Eltern, nachzuspielen, und dazu eine robuste kindgerechte Figur von hoher Qualität anzubieten, die sich deutlich von den qualitativ minderwertigen Billigfiguren der Zeit unterschied. Das Gleiche gilt für die kurzfristige Konkurrenz von „PlayBig". Kinder in den siebziger Jahren hatten entweder Playmobil oder PlayBig, deren jeweilige Vorteile mit Eifer verteidigt wurden.

Außer dem Basteln war das Sammeln sehr beliebt. Mädchen sammelten wie schon die Generationen zuvor Glanz- bzw. Lackbilder, Jungen eher Sammelbilder von Panini zu den großen Fußballereignissen, wie den Weltmeisterschaften. Panini brachte aber auch Sammelbilder zu Kinofilmen und Serien heraus, die in spezielle Sammelhefte eingeklebt werden konnten.

Insgesamt findet in den siebziger Jahre eine fortschreitende Kommerzialisierung des Spielzeugmarktes statt. Kinder wurden als Konsumenten und Käufer entdeckt, vor allem aber als Kaufentscheider. Kinder hatten nun Taschengeld. Das war pädagogisch wertvoll, damit Kinder lernen konnten mit Geld umzugehen. Gleichzeitig wurden die Wünsche immer zahlreicher.

Play Big, 1970er Jahre

Da war zum einen der Kiosk, bei dem man für 50 Pfennig ein Papiertütchen Süßigkeiten kaufen konnte wie Lutschmuscheln, Lecklippenstifte, Esspapier und Lakritze. Beliebt war auch das abgepackte Eis, von dem es speziell für Kinder sehr viele verschiedene Sorten gab. Dolomiti und Kinderhut mit der hartgefrorenen Kaugummikugel im unteren Ende der kegelförmigen Packung sind einige der bekanntesten. Als Kaufentscheider sprach etwa die Kinderzahncreme Blendi direkt Kinderwünsche an. Zu Filmen und Serien, aber auch zu den Märchen gab es Hörspiele auf Langspielplatte, zu deren beliebtesten Hui Buh das Schlossgespenst zählte. Zum anderen wurden vom Taschengeld auch oft die beliebten Micky Maus- und Donald Duck-Hefte, Disneys Lustige Taschenbücher, Fix und Foxi, Superman- und Spidermanhefte gekauft. Eltern zählten meist nicht zu den großen Befürwortern dieser Comics. Wöchentlich und monatlich wurden dieselben Kämpfe um den Kauf des Heftes ausgetragen. Die Eltern- und Großelterngeneration befürchtete, die kurzen Sprechblasentexte könnten zur Verdummung der Kinder führen. Die Schuhfirma Salamander machte es Müttern leicht, ihre Kinder mit in die Schuhgeschäfte zu locken. Denn dort gab es jeden Monat ein anderes Lurchiheft, das auch gesammelt wurde. Comics und Basteln verband das Yps-Heft, das neben verschiedenen Comics mit jedem Monatsheft einen Gimmick lieferte, der Forscherdrang, Abenteuer und Staunenswer-

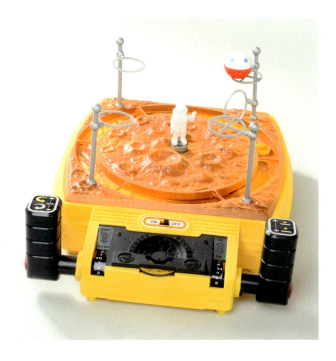

tes miteinander kombinierte. Von rätselhaften Meereswesen wie den Seamonkeys über die wunderbare Blume Jerichos, die mit etwas Wasser wieder lebendig zu werden schien, bis zu Detektivzubehör reichte das Spektrum dieser vielfältigen, intelligent gemachten, unterhaltenden und oft lehrreichen Gimmicks.

In den siebziger Jahren wurde noch viel draußen gespielt. Die klassischen Kinderspiele waren nach wie vor beliebt, neu waren Hüpfbälle, Kettcar, Rollschuhe und das Bonanzarad. Aber das Fernsehen nahm eine immer bedeutendere Stellung im Freizeitverhalten ein. Spezielle Fernsehprogramme für Kinder am Nachmittag und während der Ferien konkurrierten nicht sel-

UFO-Flugspiel, Fa. Quelle/Fürth, 1970er Jahre

Ministeck,
1970er Jahre

ten mit dem Wunsch der Eltern, im Freien zu spielen.

„Pan Tau" (1970), „Wickie und die starken Männer" (1974) und „Die Schlümpfe" seit 1966 waren nur einige beliebte Kinderserien. Der Animationsfilm machte dem Realfilm dabei große Konkurrenz. „Barbapapa" (1974), „Die Biene Maja" (1975), „Heidi" (1974) und „Captain Future" (1977) sind nur einige der bekannteren Beispiele. Genauso beliebt und Jahr für Jahr etwas Besonderes waren die neuen Serie der Augsburger Puppenkiste wie „Urmel aus dem Eis" (ab 1969) oder „Jim Knopf und Lukas der Lokomotivführer" (1976). Weitere besonders beliebte Serien der Zeit waren „Robbi, Tobbi und das Fliewatüüt" (1972), „Lassie" (1954–74), „Flipper" (ab 1966), „Bonanza" (ab 1962), „Daktari" (ab 1969) und „Raumschiff Enterprise" (ab 1972).

Jedes Kind wusste, dass bei der Rateshow „Der Große Preis" etwa um 20.40 Uhr seit 1972 Wum und seit 1974 Wum mit Wendelin gemeinsam auftraten. Viele Kinder durften nur dafür entweder solange aufbleiben oder wurden extra dafür geweckt. Samstags schaute sich die ganze Familie „Spiel ohne Grenzen" an, in dem es um Geschicklichkeit mit Teams aus mehreren Ländern ging. Fernsehen war häufig ein Familienerlebnis.

Anspruchsvolles Kinderprogramm, wie die „Rappelkiste" ab 1973, sollte unterhalten und gleichzeitig Informationen anbieten. Die „Sesamstraße" ab 1973 und die „Muppet-Show" ab 1977 waren bekannte amerikanische Serien, die dieses Konzept verfolgten. „Hase Cäsar" (ab 1972) und „Plumpaquatsch" (1972–75), „Maxifant und Minifant" (1972–75) waren Handpuppen, die Spots präsentierten. Das Sandmännchen gehörte für kleinere Kinder zum festen Abendritual.

Auch im Kino gab es nun Filme für Kinder zwischen sechs und vierzehn Jahren. Besonders bekannt und praktisch von jedem Kind erst im Kino und später im Fernsehen mit Begeisterung gesehen wurden die Pippi-Langstrumpf-Filme ab 1969/70 und Räuber Hotzenplotz 1974, die jeweils Verfilmungen moderner Kinderbücher darstellten.

Insgesamt änderte sich die Vorstellung von Kindheit, ihren Zielen und Aufgaben in den Siebzigern grundlegend, als man Kindheit als eine eigene Qualität entdeckte und begann, die Eigenheiten jedes Kindes zu akzeptieren, persönliche Begabungen zu fördern und es eben nicht mehr als unfertiges, mängelbehaftetes Wesen begriff, das in ein starres Erwartungsgerüst gepresst werden sollte. Dabei gab es einen theoretischen Überbau, der in jeder Familie praktisch sein eigenes kleines Experimentierlabor sah. Es änderte sich auch das Verständnis der Vaterrolle vom Ernährer und Erzieher (als Respektsperson) zum Vater, der auch mit den Kindern spielte und dabei Spaß hatte.

Corinna Wodarz

Literaturverzeichnis

Die siebziger Jahre in der Bundesrepublik – Profil einer Epoche

Politik: Rosemarie Nave-Herz, Die Geschichte der Frauenbewegung in Deutschland (Hg. Niedersächsische Landeszentrale für politische Bildung), Hannover 1977; Hermann Glaser, Die Kulturgeschichte der Bundesrepublik Deutschland, Bd. 3: Zwischen Protest und Anpassung 1968–1989, Frankfurt/M. 1990; Unser Jahrhundert in Wort, Bild und Ton. Die 70er Jahre, Gütersloh 1994; Dietrich Thränhardt, Geschichte der Bundesrepublik Deutschland, Frankfurt/M. 1996; Jürgen Wilke (Hg.), Mediengeschichte der Bundesrepublik Deutschland, Bonn 1999; Gerhart Maier, Die siebziger Jahre, in: Politik & Unterricht 2 (2003), S. 1–49; Konrad Dussel, Deutsche Tagespresse im 19. und 20. Jahrhundert, Münster 2004; Reinhold Bauer, Ölpreiskrisen und Industrieroboter. Die siebziger Jahre als Umbruchphase für die Automobilindustrie in beiden deutschen Staaten, in: Konrad H. Jarausch (Hg.), Das Ende der Zuversicht? Die siebziger Jahre als Geschichte, Göttingen 2008, S. 68–83; Eva-Maria Silies, Ein, zwei, viele Bewegungen? Die Diversität der Neuen Frauenbewegung in den 1970er Jahren, in: Cordia Baumann, Sebastian Gehrig, Nicolas Büchse (Hg.), Linksalternative Milieus und Neue Soziale Bewegungen in den 1970er Jahren, Heidelberg 2011, S. 87–106; Julia Angster, Die Bundesrepublik Deutschland 1963–1982, Darmstadt 2012; Imke Schmincke, Sexualität als „Angelpunkt der Frauenfrage"?, in: Peter-Paul Bänziger u.a. (Hg.), Sexuelle Revolution? Zur Geschichte der Sexualität im deutschsprachigen Raum seit den 1960er Jahren, Bielefeld 2015, S. 199–222.

Design: Gert Selle, Geschichte des Design in Deutschland, Frankfurt/M., New York 1997; Gisela Moeller, Design und Kunsthandwerk, in: Barbara Lange (Hg.), Vom Expressionismus bis heute (Geschichte der bildenden Kunst in Deutschland; Bd. 8), München, Berlin, London, New York 2006, S. 395–413.

Malerei: Jens Christian Jensen (Hg.), Harald Duwe, Rendsburg 1987; Siegfried Gohr (Hg.), Markus Lüpertz, München 1997; Sabine Schütz, Das Kiefer-Phänomen. Zu Werk und Wirkung Anselm Kiefers, in: Eckhart Gillen (Hg.), Deutschlandbilder. Kunst aus einem geteilten Land, Köln 1997, S. 584–591; Carl Haenlein (Hg.), Jörg Immendorff – Bilder und Zeichnungen, Hannover 2000; Diethelm Kaiser, Bénédicte Savoy (Hg.), Die Schule der Neuen Prächtigkeit. Bluth. Grützke. Koeppel. Ziegler, Berlin 2009; Landeshauptstadt Kiel, Stadtgalerie Kiel (Hg.), Peter Nagel 50 Jahre Malerei, Kiel 2010.

Rundfunk: Jürgen Wilke (Hg.), Mediengeschichte der Bundesrepublik Deutschland, Bonn 1999; Hans Jürgen Koch, Hermann Glaser, Ganz Ohr. Eine Kulturgeschichte des Radios in Deutschland, Köln, Weimar, Wien 2005; Konrad Dussel, Deutsche Rundfunkgeschichte, Konstanz 2010, 3. Auflg.

Reisen: Statistisches Bundesamt Wiesbaden, Groß- und Einzelhandel, Gastgewerbe, Reiseverkehr, Reihe 8 II. Reiseverkehr Sonderbeitrag Tagesausflüge und Kurzreisen 1972, Silke May, Tourismus in der dritten Welt: Von der Kritik zur Strategie: das Beispiel Kapverde (Campus: Forschung; Bd. 463), Frankfurt/M., New York 1985; Arne Andersen, Der Traum vom guten Leben: Alltags- und Konsumgeschichte vom Wirtschaftswunder bis heute, Frankfurt/M., New York 1997; Rüdiger Hachtmann, Tourismus-Geschichte, Göttingen 2007.

Mode: Ingrid Loschek, Mode im 20. Jahrhundert. Eine Kulturgeschichte unserer Zeit, München 1978; Gertrud Lehnert, Geschichte der Mode des 20. Jahrhunderts, Köln 2000; Anke Schipp, Ein Boden für die Bohéme, FAZ Nr. 4 vom 30.1.2005; Isabella Belting, Geschmacksache – Mode der 1970er Jahre, München 2012; Sven Reichardt, Authentizität und Gemeinschaft. Linksalternatives Leben in den siebziger und frühen achtziger Jahren, Berlin 2014.

Architektur: Ingrid Herlyn, Ulfert Herlyn, Wohnverhältnisse in der Bundesrepublik, Frankfurt/M., New York 1983, 2. Auflg.; Nikolaus Jungwirth, Gerhard Kromschröder, Flokati-Fieber. Liebe, Lust und Leid der 70er Jahre, Frankfurt/M. 1994; Wolfgang König, Die siebziger Jahre als konsumgeschichtliche Wende in der Bundesrepublik, in: Konrad H. Jarausch (Hg.), Das Ende der Zuversicht? Die siebziger Jahre als Geschichte, Göttingen 2008, S. 84–99; Axel Schildt, Detlef Siegfried, Deutsche Kulturgeschichte: Die Bundesrepublik, Bonn 2009; www.baunetzwissen.de/standardartikel/Altbaumodernisierung_Baualtersstufe-d... 20.09.2012; Sven Reichardt, Authentizität und Gemeinschaft. Linksalternatives Leben in den siebziger und frühen achtziger Jahren, Berlin 2014; www.linden-entdecken.de/4365/Ihmezentrum; www.staedtebaufoerderung.info/StBauF/DE/Programm/Sanierung.../Hannover_Linden/hannover/

Natur- und Ingenieurwissenschaften: Hans-Wolfgang Scharf, Friedhelm Ernst, Vom Fernschnellzug zum Intercity, Freiburg 1983; Michael Eckert, Maria Osietzki, Wissenschaft für Macht und Markt: Kernforschung und Mikroelektronik in der Bundesrepublik Deutschland, München 1989; Wolfgang D. Müller, Geschichte der Kernenergie in der Bundesrepublik Deutschland, Stuttgart 1990; Stefan Schlot, Airbag. Die zündende Idee beim Insassenschutz (Die Bibliothek der Technik; Bd. 121), Landsberg/Lech 1996; Franz Petermann (Hg.), Perspektiven der Humangenetik: medizinische, psychologische und ethnische Aspekte, Paderborn 1997; Heike Weishaupt, Die Entwicklung der passiven Sicherheit bei Daimler-Benz von den Anfängen bis 1980, in: Harry Niemann, Armin Hermann (Hg.), Geschichte der Straßenverkehrssicherheit im Wechselspiel zwischen Fahrzeug, Fahrbahn und Mensch, Bielefeld 1999, S. 99–122; Gerhard Mener, Die Grenzen des Erfolgsmodells der siebziger Jahre: Sonnenenergieforschung in der Fraunhofer-Gesellschaft, in: Gerhard A. Ritter, Margit Szöllösi-Janze, Helmuth Trischler (Hg.), Antworten auf die amerikanische Herausforderung: Forschung in der Bundesrepublik und der DDR in den „langen" siebziger Jahren (Studien z. Geschichte d. deutschen Großforschungseinrichtungen; Bd. 12), Frankfurt/M., New York 1999, S. 107–134; Siegfried Müller, Hightech in Nordwestdeutschland: Die Luft- und Raumfahrtindustrie, in: Landesmuseum für Kunst und Kulturgeschichte Oldenburg (Hg.), Von Zeppelin bis Airbus. Luftfahrt in Nordwestdeutschland im 20. Jahrhundert, Bielefeld 2007, S. 128–131; ders., EADS Space Transportation/Astrium GmbH, Bremen, in: ebd., S. 132–138; H. Hirschel, Luftfahrtforschung in der Bundesrepublik, in: Helmuth Trischler, Kai-Uwe Schrogl (Hg.), Ein Jahrhundert im Flug. Luft- und Raumfahrtforschung in Deutschland 1907–2007, Frankfurt/M. 2007, S. 295–319; Niklas Reinke, Raumfahrtforschung in der Bundesrepublik, in: ebd., S. 320–351; Joachim Radkau, Von der Kohlennot zur solaren Vision: Wege und Irrwege bundesdeutscher Energiepolitik, in: Hans-Peter Schwarz (Hg.), Die Bundesrepublik Deutschland. Eine Bilanz nach 60 Jahren, Köln, Weimar, Wien 2008, S. 461–486; Thomas Raithel, Neue Technologien: Produktionsprozesse und Diskurse, in: ders., Andreas Rödder, Andreas Wirsching (Hg.), Auf dem Weg in eine neue Moderne? Die Bundesrepublik Deutschland in den siebziger und achtziger Jahren, München 2009, S. 31–44; Ernst Peter Fischer, Laser. Eine deutsche Erfolgsgeschichte von Einstein bis heute, München 2010; Matthias Heymann, Ist die Windenergienutzung eine Neue Technologie?, in: Christian Kehrt, Peter Schüßler, Marc-Denis Weitze (Hg.), Neue Technologien in der Gesellschaft. Akteure, Erwartungen, Kontroversen und Konjunkturen, Bielefeld 2011, S. 141–154; Dirk Thomaschke, „eigenverantwortliche Reproduktion" Individualisierung und Selbstbestimmung in der Humangenetik zwischen den 1950er und 1980er Jahren in der BRD", in: Bernhard Dietz, Christopher Neumaier, Andreas Rödder (Hg.), Gab es den Wertewandel? Neue Forschungen zum gesellschaftlich-kulturellen Wandel seit den 1960er Jahren, München 2014, S. 363–388.

Die RAF und der Staat

Michael Baumann, Wie alles anfing, München 1975; Stefan Aust, Der Baader-Meinhof-Komplex, Hamburg 1985; Gerd Koenen, Vesper, Ensslin, Baader. Urszenen des deutschen Terrorismus, Köln 2003; Butz Peters, Tödlicher Irrtum. Die Geschichte der RAF, Berlin 2006; Ulf G. Stuberger, Die Tage von Stammheim. Als Augenzeuge beim RAF-Prozess, München 2007; Klaus Pflieger, Die Rote Armee Fraktion, 14.5.1970 bis 20.04.1998, Baden-Baden 2007; Michael Buback, Der zweite Tod meines Vaters, München 2008; Wolfgang Kraushaar, Achtundsechzig. Eine Bilanz, Berlin 2008; ders., Die RAF, Bonn 2008; ders. mit Jan Philipp Reemtsma u. Karin Wieland, Rudi Dutschke, Andreas Baader und die RAF (Hamburger Edition HIS), Hamburg 2012; Haus der Geschichte Baden-Württemberg (Hg.), RAF – Terror im Südwesten (Ausstellungskatalog), Stuttgart 2013; Ulf G. Stuberger, Der Baader-Meinhof-Prozess. Die RAF vor Gericht, Marxzell 2014; Rote Armee Fraktion. Deutschland und der Terrorismus. GEO EPOCHE Nr. 72, Hamburg 2015.

Protest auf allen Ebenen, oder: „Wer sich nicht wehrt, lebt verkehrt."

Lutz Metz, Der Atomkonflikt, Westberlin 1979; Alice Schwarzer, So fing es an!, Köln 1981; Ulrich Linse, Ökopax und Anarchie. Eine Geschichte der ökologischen Bewegungen in Deutschland, München 1986; Georg Haasken u. Michael Wigbers, Protest in der Klemme. Soziale Bewegungen in der Bundesrepublik, Frankfurt/M. 1986; Roland Roth u. Dieter Rucht (Hg.), Neue soziale Bewegungen in der Bundesrepublik Deutschland, Frankfurt/Main 1987; Manfred Kriener, Lieber heute aktiv, als morgen radioaktiv. Die Ökologiebewegung verändert die Bundesrepublik, in: Klamm, Heimlich & Freunde. Die Siebziger Jahre. Bilder-LeseBuch, Westberlin 1987, S. 158–165; Ingrid Strobl, Eine neue Frauenkulturbewegung, in: ebd. S. 144–151; Dieter Rucht, Modernisierung und neue soziale Bewegungen. Deutschland, Frankreich und USA im Vergleich, Frankfurt/M. 1997; Michaela Karl, Die Geschichte der Frauenbewegung, Stuttgart 2011; Isabelle Berens, Aufbruch nach Utopia, in: GEO Epoche, Rote Armee Fraktion. Deutschland und der Terrorismus, Nr. 72, 2015, S. 62–69.

Bürgerliche Wohnkultur

Arbeitsgemeinschaft Wohnzirkel Detmold (Hg.), Farbige Wohnfibel, 6. bis 11. Ausgabe, 4 Bände, Stuttgart 1970–1980; Bundesministerium für Familie, Jugend und Gesundheit (Hg.), Familie und Wohnen: Gutachten des Wissenschaftlichen Beirats für Familienfragen beim Bundesministerium für Jugend, Familie und Gesundheit, Bonn-Bad Godesberg 1975; Ursula A. Becher, Geschichte des modernen Lebensstils, München 1990; Antje Flade, Wohnen und Wohnbedürfnisse im Blickpunkt, in: Hans Joachim Harloff (Hg.), Psychologie des Wohnungs- und Siedlungsbaus, Göttingen, Stuttgart 1993, S. 45–55; Karlheinz Wöhler, Erstes und zweites Zuhause: Wohnen und Reisen, in: Werner Faulstich (Hg.), Kulturgeschichte des 20. Jahrhunderts, Die Kultur der Siebziger Jahre, Paderborn 2004, S. 233–243; Lippisches Landesmuseum Detmold (Hg.), Bettina Rinke, Joachim Kleinsmann (Bearb.), Küchenträume. Deutsche Küchen seit 1900 (Kataloge des Lippischen Landesmuseums, Bd. 12), Detmold 2004, S. 43–46; Petra Eisele, Do-it-yourself-Design: Die IKEA-Regale IVAR und BILLY, in: Zeithistorische Forschungen/Studies in Contemporary History, Bd. 3, Göttingen 2007, S. 439–448.

Positionen des Designs in den Siebzigern

Wolfgang Fritz Haug, Kritik der Warenästhetik, Frankfurt/Main 1971; Victor Papanek, Design for the Real World, Chicago 1972; Gerd Selle, Ideologie und Utopie des Designs, Köln 1973; Klaus Limberg, Über das Relative der „Lebensdauer", in: form 75/1977, S. 9–11; Herbert Lindinger, Claus-Henning Huchthausen, Geschichte des Industrial Design, Darmstadt 1978, S. 31ff.; Uta Brandes, Richard Sapper: Tools for Life, Göttingen 1993; Stefan Reinke u.a., Design – Made in Germany, Köln 2000; Luigi Colani, Albrecht Bangert, Colani – das Gesamtwerk, Schopfheim 2004; Petra Eisele, BRDesign. Deutsches Design als Experiment seit den 1960er Jahren, Köln/Weimar/Wien 2005, S. 75–144; Sabine Weißler (Hg.), Mein Orange. Mehr als eine Generationenfarbe, Marburg 2006; Museum für Angewandte Kunst Frankfurt (Hg.), Less and More. Das Designethos von Dieter Rams (Ausstellungskatalog), Frankfurt 2010; Thomas Hauffe, Geschichte des Design, Köln 2014.

Luigi Colani und das Design der Siebziger

Werner Nehls, Die Heiligen Kühe des Funktionalismus müssen geopfert werden, in: Form, 1068, Nr. 43; Peter Dunas, Luigi Colani und die organisch-dynamische Form seit dem Jugendstil. München 1993; Walter Diem, Das hab ich für Sie ausprobiert: Colani – das völlig neue Sitzgefühl, in: Schöner Wohnen, Januar 1974, S. 114; Peter Dunas, Luigi Colani und die organisch-dynamische Form seit dem Jugendstil, München 1993; Stern, März 1978, S. 150; Albrecht Bangert, Colani – Die Kunst Zukunft zu gestalten, Schopfheim 2005.

Melitta-Service – ein Resonanzkörper der siebziger Jahre

Günter Wallraff, Neue Reportagen, Untersuchungen und Lehrbeispiele, Köln 1972, S. 11–37; Hans Günther Oesterreich, Geschichte und Geschichten um Melitta. Geröstet, gemahlen und gefiltert. Zum 50-jährigen Bestehen der Melitta-Werke Bentz & Sohn in Minden, Minden 1979; Siegfried J. Schmidt, Entwicklung, Funktionen und Präsentationsformen der Werbesendungen aus der Sicht der Wissenschaft, in: Joachim Leonhard (Hg.), Medienwissenschaft: Ein Handbuch zur Entwicklung der Medien und Kommunikationsformen, Berlin 2002, S. 2414–2425; Hans Dieter Kubier, Die eigene Welt der Kinder. Zur Entstehung von Kinderkultur und Kindermedien in den siebziger Jahren, in: Werner Faulstich (Hg.), Die Kultur der siebziger Jahre, Paderborn 2004, S. 65–80; Karlheinz Wöhler, Das erste und zweite Zuhause: Wohnen und Reisen, in: ders., S. 233–244; Karin Knop, Von Flower Power zur Pril-Blume: Werbung und Werbemedien der 70er Jahre, in: ders., S. 211–232; Petra Eisele, Do-it-yourself-Design. Die IKEA-Regale IVAR und BILLY, in: Zeithistorische Forschungen/Studies in Contemporary History, 3, Göttingen 2006, S. S. 439–448; Sabine Weißler (Hg.), Mein Orange. Mehr als eine Generationsfarbe, Marburg 2006; Melitta Unternehmensgruppe, Minden (Hg.), 100 Jahre Melitta. Geschichte eines Markenunternehmens, Köln 2008; Christine Dippold, Luxusbedürfnis – Distinktion – Imitation. Modernes Tafelgeschirr als Indikator zeittypischer Konsumtendenzen im 19. Und frühen 20. Jahrhundert, in: Birgit Angerer (Hg.), Pracht, Prunk, Protz: Luxus auf dem Land, Finsterau 2009, S. 193–202; Elsbeth Kautz (Hg.), Die 70er Jahre. Als die Musik schon laut – und das Rauchen noch „in" war, Syke 2009; Maren Siems (Hg.), Melitta und Friesland Porzellan. 60 Jahre Keramikherstellung in Varel, Oldenburg 2015.

Essen und Trinken

Württembergische Metallwarenfabrik (Hg.), Gisa v. Barsewisch (Bearb.), Brevier vom schön gedeckten Tisch, Stuttgart 1975; Christoph Wagner, Fast schon Food. Die Geschichte des schnellen Essens, Frankfurt/M. 1975; Paul Bocuse, Die neue Küche, Düsseldorf 1977; Sybil Gräfin Schönfeldt, Leichte schnelle Küche, Hamburg 1978; Verlag Aenne Burda (Hg.), Ernst Birsner (Bearb.), Köstlich kochen für alle Tage, 6. Aufl. Offenburg 1978; Ders., Partyrezepte, kalte Küche, Mixgetränke (burda Kochbuch K 502), Offenburg 1980; Peter Peter, Kulturgeschichte der deutschen Küche, München 2008; Elvira Lauscher, Unser Kochbuch der 70er Jahre, Gudensberg 2010; Kalle Becker, Bedürfniswandel. Eine Analyse der Auslöser und Konsequenzen sich wandelnder Konsumentenbedürfnisse am Beispiel des Ernährungsverhaltens, Bamberg 2006; Maren Möhring, Fremdes Essen. Die Geschichte der ausländischen Gastronomie in der Bundesrepublik Deutschland, München 2012.

Schule und Bildung

Ulrich Teichler, Zum Wandel von Bildung und Ausbildung in den 70er und 80er Jahren, in: Mitteilungen aus der Arbeitsmarkt- und Berufsforschung 18 (1985), S. 167–176; Hansgert Peisert, Entwicklung und Struktur des Hochschulwesens in der Bundesrepublik Deutschland, in: Bundesministerium für innerdeutsche Beziehungen (Hg.), Vergleich von Bildung und Erziehung in der Bundesrepublik Deutschland und in der Deutschen Demokratischen Republik, Köln 1990, S. 394–413; Oskar Anweiler, Grundzüge der Bildungspolitik und der Entwicklung des Bildungswesens von 1945 bis 1990 unter vergleichendem Aspekt, in: ders. u.a. (Hg.), Bildungspolitik in Deutschland 1945-1990, Bonn 1992, S. 11–31; Carl-Ludwig Furck, Das Schulsystem: Primarbereich – Hauptschule – Realschule – Gymnasium – Gesamtschule, in: Christoph Führ, Carl-Ludwig Furck, 1. Teilband Bundesrepublik Deutschland, S. 282–356; Franz-Michael Konrad, Geschichte der Schule: von der Antike bis zur Gegenwart, München 2007; Meike Sophia Baader, Die reflexive Kindheit, in: dies., Florian Eßer, Wolfgang Schröer (Hg.), Kindheiten in der Moderne, Frankfurt/M. 2014, S. 414–455.

Literatur

Paul Konrad Kurz, Über moderne Literatur VI. Zur Literatur der späten siebziger Jahre, 2 Teile, Frankfurt/M. 1979/1980; Marcel Reich-Ranicki, Entgegnung: Zur deutschen Literatur der siebziger Jahre, Stuttgart 1981; Ralf Schnell, Die Literatur der Bundesrepublik, Stuttgart 1986; Michael Schneider, Väter und Söhne, posthum. Über die Väter-Literatur der siebziger Jahre, in: Heinz Ludwig Arnold (Hg.), Bestandsaufnahme Gegenwartsliteratur, München 1988, S. 139–150; Hermann Schlösser, Subjektivität und Autobiographie, in: Klaus Briegleb, Sigrid Weigel (Hg.), Gegenwartsliteratur seit 1968 (Hansers Sozialgeschichte der deutschen Literatur vom 16. Jahrhundert bis zur Gegenwart; Bd. 12), Wien 1992, S. 404–423; Michael Braun, Lyrik, in: ebd., S. 424–454; Wolfgang Rath, Romane und Erzählungen der siebziger bis neunziger Jahre (BRD), in: Horst Albert Glaser (Hg.), Deutsche Literatur zwischen 1945 und

1995, Bern, Stuttgart, Wien 1997, S. 39–328; Reinhard Jahn, Jesus, Buddha, der Müll und der Tod. Spurensicherung in Sachen Soziokrimi, in: Walter Delabar, Erhard Schütz (Hg.), Deutschsprachige Literatur der 70er und 80er Jahre: Autoren, Tendenzen, Gattungen, Darmstadt 1997, S. 38–52, Walter Delabar, „entweder mensch oder schwein". Die RAF in der Prosa der siebziger und achtziger Jahre, in: ebd., S. 154–183; Matthias N. Lorenz, Literatur und Betrieb nach dem „Tod der Literatur", in: Werner Faulstich (Hg.), Die Kultur der siebziger Jahre, München 2004, S. 147–164; Manfred Durzak, Nach der Studentenbewegung: Neue literarische Konzepte und Erzählentwürfe in den siebziger Jahren, in: Wilfried Barner (Hg.), Geschichte der deutschen Literatur von 1945 bis zur Gegenwart, München 2006, 2. Aufl., S. 602–618; Christoph Zeller, Ästhetik des Authentischen. Literatur und Kunst um 1970, Berlin, New York 2010; Franz X. Eder, Die lange Geschichte der „Sexuellen Revolution" in Westdeutschland (1950er bis 1980er Jahre), in: Peter-Paul Bänziger u.a. (Hg.), Sexuelle Revolution = Zur Geschichte der Sexualität im deutschsprachigen Raum seit den 1960er Jahren, Bielefeld 2015, S. 25–59.

Drama und Theater

Georg Hensel, Das Theater der siebziger Jahre: Kommentar, Kritik, Polemik, Stuttgart 1980; Wolfram Buddecke, Helmut Fuhrmann, Das deutschsprachige Drama seit 1945, München 1981; Peter Iden, Die Schaubühne am Halleschen Ufer 1970–1979, Frankfurt/M. 1982; Rainer Harjes, Handbuch zur Praxis des Freien Theaters, Köln 1983; Michael Töteberg, Die Dürre der Theaterlandschaft, in: Heinz Ludwig Arnold (Hg.), Bestandsaufnahme Gegenwartsliteratur, München 1988, S. 61–66; Justus Fetscher, Theater seit 1968 – verspielt?, in: Klaus Briegleb, Sigrid Weigel (Hg.), Gegenwartsliteratur seit 1968, München, Wien 1992, S. 491–535; Richard Weber, Neue Dramatiker in der Bundesrepublik, in: ebd. (Hg.), S. 407–424; Volker Canaris, Zadeks Bochumer „Volkstheater" 1972–1977, in: Henning Rischbieter (Hg.), Durch den eisernen Vorhang: Theater im geteilten Deutschland 1945 bis 1990, Berlin 1999, S. 131–136; Peter von Becker, Das Jahrhundert des Theaters (Hg. Wolfgang Bergmann), Köln 2002; Anat Feinberg, George Tabori, München 2003; Roswitha Schieb, Peter Stein ein Porträt, Berlin 2005; Volker Canaris, BO-PZ 1, in: Klaus Dermutz (Hg.), Peter Zadek his way, Zwickau 2006, S. 58–69; Manfred Brauneck, Die Welt als Bühne: Geschichte des europäischen Theaters, Bd. 5, Stuttgart 2007; Elisabeth Plessen (Hg.), Peter Zadek, Die Wanderjahre 1980–2009, Köln 2010.

Musik

Ursula Stürzbecher, Werkstattgespräche mit Komponisten, München 1973; Burkhard Busse, Der deutsche Schlager, Wiesbaden 1976; Florian Tennstedt, Rockmusik und Gruppenprozesse, München 1979; Ulrich Dibelius, Moderne Musik II 1965–1985, München 1988; Viola Edelhagen, Joachim Holzt-Edelhagen, Die Big Band Story. Die Big-Bands nach 1945 in der BRD, Frankfurt/M. 1988; Bernd Enders, Christoph Rocholl, Musik und neue Technologien, in: Bernd Hoffmann, Winfried Pape, Helmut Rösing (Hg.), Rock / Pop / Jazz im musikwissenschaftlichen Diskurs. Ausgewählte Beiträge zur Popularmusikforschung, Hamburg 1992, S. 95–113; Martin Büsser, On the Wild Side. Die wahre Geschichte der Popmusik, Hamburg 2004; Carola Schormann, Die Musikkultur der siebziger Jahre, in: Werner Faulstich (Hg.), Die Kultur der siebziger Jahre, München 2004, S. 119–129; Wolfram Knauer, Historischer Überblick, in: Wolfgang Sandner (Hg.), Jazz (Handbuch der Musik im 20. Jahrhundert, Bd. 9), Laaber 2005, S. 11–77; Ronald Galenza, Zwischen „Plan" und Planlos": Punk in Deutschland, in: Stiftung Haus der Geschichte der Bundesrepublik Deutschland,

Bundeszentrale für politische Bildung (Hg.), „Rock! Jugend und Musik in Deutschland", Leipzig 2005; S. 97–103; Beate Kutschke, Neue Linke/Neue Musik. Kulturtheorien und künstlerische Avantgarde in den 1960er und 70er Jahren, Köln, Weimar, Wien 2007; Ingo Grabowsky, Martin Lücke, Die 100 Schlager des Jahrhunderts, Hamburg 2008; Axel Schildt, Detlef Siegfried, Deutsche Kulturgeschichte, München 2009; Stephan Hoffmann, Die Donaueschinger Musiktage seit 1949, in: Badisches Landesmuseum Karlsruhe (Hg.), Vom Minnesang zur Popakademie. Musikkultur in Baden-Württemberg, Karlsruhe 2010, S. 251–253; Peter Wicke, Rock und Pop. Von Elvis Presley bis Lady Gaga, München 2011; Philipp Meinert, Martin Seeliger, Punk in Deutschland. Sozial- und kulturwissenschaftliche Perspektiven, in: dies. (Hg.), Punk in Deutschland, Bielefeld 2013, S. 9–55.

Film und Fernsehen

Hans-Friedrich Foltin, Die Talkshow. Geschichte eines schillernden Genres, in: Hans Dieter Erlinger, Hans-Friedrich Foltin (Hg.), Geschichte des Fernsehens in der Bundesrepublik Deutschland, Bd. 4: Unterhaltung, Werbung und Zielgruppenprogramme, München 1994, S. 69–112; Knut Hickethier, Geschichte des deutschen Fernsehens, Stuttgart 1994; Walter Uka, Zwischen der Suche nach Lebensgefühl, Realismus und Geschichte, Selbstverständigung und dem Traum von Hollywood: Der bundesdeutsche Film in den 70er Jahren, in: Werner Faulstich (Hg.), Die Kultur der siebziger Jahre, München 2004, S. 193–209; Sabine Hake, Film in Deutschland: Geschichte und Geschichten seit 1895, Reinbek bei Hamburg 2004; Sven Reichardt, Authentizität und Gemeinschaft. Linksalternatives Leben in den siebziger und frühen achtziger Jahren, Berlin 2014; Franz X Eder, Die lange Geschichte der Sexuellen Revolution in Westdeutschland (1950er bis 1980er Jahre), in: Peter-Paul Bänziger, Magdalena Beljan, Franz X.

Eder, Pascal Eitler (Hg.), Sexuelle Revolution? Zur Geschichte der Sexualität im deutschsprachigen Raum seit den 1960er Jahren, Bielefeld 2015, S. 25–59.

Sport

Claus-Peter Andorka, 20 Jahre Bundesliga, München 1983; Heribert Fassbender, Günter Netzer, Geschichte der Bundesliga 1963–1998, Sendung des NDR von 1998; Michael Krüger (Hg.), Olympische Spiele: Bilanz und Perspektiven im 21. Jahrhundert, Münster 2001; Michael Schaffrath, „The games must go on!", in: Werner Faulstich (Hg.), Die Kultur der siebziger Jahre, München 2004, S. 175–192; Thomas Raithel, Sport in der Bundesrepublik Deutschland, in: Hans-Peter Schwarz (Hg.), Die Bundesrepublik Deutschland. Eine Bilanz nach 60 Jahren, Köln, Weimar, Wien 2008, S. 599–620; Jürgen Mittag, Profilsuche mit Hindernissen: Vorgeschichte, Anfänge und Entwicklung der Frauenfußball-Weltmeisterschaften, SportZeiten 11/1 (2011), S. 11–44.

Barbie, Barbapapa, Bonanzarad – im Kinderzimmer wird es voll

Alexander Sutherland Neill, Theorie und Praxis der antiautoritären Erziehung. Das Beispiel Summerhill, Reinbek 1969; Helmut Heiland, Emanzipation und Autorität, Bad Heilbronn 1971; Karl Erlinghagen, Autorität und Antiautorität. Erziehung zwischen Bindung und Emanzipation, Heidelberg 1971; Ewald Fr. Rother, Lernbaukästen. Didaktisches Modell und Unterrichtsorganisation, Braunschweig 1971; Friedrich Wilhelm Kron (Hg.), Antiautoritäre Erziehung, Bad Heilbronn 1973; Karl Markus Michel, Hans Magnus Enzensberger (Hg.), Kursbuch 34. Kinder, Berlin 1973; Der Spiegel, 1974, Nr. 2, Macht Mengenlehre krank?; Morris Kline, Mengenlehre – das ist Zeitverschwendung, in: Der Spiegel, 1974, Nr. 36; Hans-Dieter Kübler, Vom Fernsehkindergarten zum multimedialen Kinderportal – 50 Jahre Kinderfernsehen in der

Bundesrepublik Deutschland, in: TELEVIZION, Ausgabe 14 (2001/02); Allgemeiner Informationsservice (Destatis), Statistisches Bundesamt Berlin 2007; Edgar Wolfrum, Die 70er Jahre. Republik im Aufbruch, Darmstadt 2007; S. D. Rieger, Themen, Formen und Funktionswandel der phantastischen Kinder- und Jugendliteratur der 70er Jahre und frühen 80er Jahre, o.O., 2009; Corinna Wodarz, Unser Spielzeug der 60er und 70er Jahre, Gudensberg 2010; Tanja Hamann, Macht Mengenlehre krank? Die Neue Mathematik in der Schule, Beiträge zum Mathematikunterricht, Hildesheim 2011; Barbara van den Speulhof, Fred Steinbach (Hg.), Das große Buch der Augsburger Puppenkiste, Köln 2013; Sabine Scheffer, Wir sind die Kinder der 70er, Gudensberg 2014.

Bildquellenverzeichnis

Berlin

ullstein bild: S. 8,10, 11, 21,26, 30–33, 36–44, 92, 95, 99, 102–106 114, 121, 127–133

Sammlung Böckmann: S. 17

Duisburg

Sinalco International GmbH & Co. KG: S. 144 (Sinalco-Puppe)

Düsseldorf

Sammlung Henkel (Nic Tenwiggenhorn): S. 18

Köln

EMMA: S. 6, 14

Minden

Melitta Zentralgesellschaft mbH & Co. KG: S. 75, 79

Oldenburg

Landesmuseum für Kunst- und Kulturgeschichte Oldenburg (Sven Adelaide): S. 2, 6, 9, 13, 58, 61, 63, 72, 76, 77, 78, 80, 81, 85, 88, 90, 91, 96–98, 101, 116, 117, 118

Mediathek der Carl von Ossietzky-Universität: S. 124, 125

Dr. Siegfried Müller: S. 19

Staatstheater: S. 20, 22, 23

Privatbesitz

S. 12, 20, 29, 45, 56, 59, 60, 62, 64, 65, 66, 68, 69–71, 94, 100, 108, 110–113, 115, 118, 119, 120, 122, 123, 124, 126, 134, 136–142

Bildzitate aus Publikationen

Arbeitsgemeinschaft Wohnzirkel Detmold (Hg.), 7. Farbige Wohnfibel, Stuttgart. O. J., S. 46, 49, 50, 51, 53, 55

Jennie Reekie, Alles aus einem Topf (Casserole Cooking, dt.), München 1977, S. 87

Württembergische Metallwarenfabrik (Hg.), Gisa v. Barsewisch (Bearb.), Brevier vom schön gedeckten Tisch, Stuttgart 1975, S. 86

Einbandgestaltung nach einem Entwurf von Jens Oertel Design, Bremen, unter Verwendung eines Ausschnitts der Farbserigraphie „Fahne" (1972) von Werner Berges, Landesmuseum für Kunst und Kulturgeschichte Oldenburg, © Werner Berges

Trotz intensiver Recherche konnte nicht in allen Fällen der fotografische Urheber zweifelsfrei ermittelt werden. Wir bitten gegebenenfalls um Nachricht.

© Bonn, VG Bild-Kunst 2015 für Rolf Groven, Johannes Grützke und Konrad Klapheck

Dank

Folgende Personen haben die Ausstellung und den Katalog gefördert:

Wilhelm Bahlmann, Mediathek, Carl
    von Ossietzky-Universität Oldenburg
Gregor Baldrich, Deutsches Sport &
    Olympiamuseum Köln
Bernd Baumann, Emstek
Werner Berges, Schallstadt
Georg Böckmann, Berlin
Carolin Dirks, Wüsting
Timo Eddicks, Computermuseum
    Oldenburg
Dr. Andreas Eiynck, Stadtmuseum
    Lingen/Ems
Kristine v. Esebeck, Hannover
Liane Feldhus-Hopp, Fa. Leffers,
    Oldenburg
Ansgar Fischer, Oldenburg
Eva Frömchen, Rastede
Dagmar Hillebrand, Fa. Leffers, Oldenburg
Dr. Henrike Junge-Gent, Wolfenbüttel
Anett Keller, EMMA, Köln
Dr. Marcus Kenzler, Oldenburg
Doris Korte, Oldenburg
Christine Krahl, Oldenburg
Anja Lankemann, Oldenburg
Ulrich Mann, Fa. Leffers, Oldenburg
Dr. Klaus-Peter Müller, Landesbibliothek
    Oldenburg
Dr. Johanna Neubrand, Flensburg
Herr Stephan Parie, Staatstheater
    Oldenburg
Günther Pieles, Oldenburg

Karin Rieke, Hannover
Natalja Salnikova, Freiburg
Dr. Antje Sander, Schlossmuseum Jever
Jutta Schmidt-Prestin, Oldenburg
Heike Schulte, Deutsche Sinalco GmbH,
    Duisburg
Prof. Dr. Gerd Schwandner, Hannover
Gerd Siekmann, Köln
Waltraud Sonnert, Staatstheater
    Oldenburg
Prof. Dr. Rainer Stamm, Oldenburg
Nicole Stephan, CeWe Color AG & C. OHG,
    Oldenburg
Marianne Stüttgen-Neumann,
    Henkel AG & Co. KGaA, Düsseldorf
Dr. Siegfried Tesche, Garbsen
Friedhelm Tiemann, Dortmund
Dr. Doris Tillmann, Stadtmuseum
    Warleberger Hof, Kiel
Richard Wagner, Rehburg-Loccum
Wiltrud Weers, Oldenburg
Anke Westphal, Berlin-Wilmersdorf
Susanne Wiersch, Stiftung AutoMuseum
    Volkswagen, Wolfsburg
Dr. Corinna Wodarz, Höxter
Tanja Wucherpfennig, Melitta
    Zentralgesellschaft mbH & Co. KG, Minden
Dr. Karl-Heinz Ziessow, Museumsdorf
    Cloppenburg
Marianne Zastawniak, Oldenburg

Impressum

Dieser Katalog erscheint anlässlich der Ausstellung
„Demo, Derrick, Discofieber – Die siebziger Jahre in der Bundesrepublik"
des Landesmuseums für Kunst und Kulturgeschichte Oldenburg
vom 8. November 2015 bis zum 20. März 2016

Gefördert durch

Konzeption der Ausstellung
Dr. Siegfried Müller

Herausgeber
Siegfried Müller, Michael Reinbold
Landesmuseum für Kunst und Kulturgeschichte Oldenburg
Damm 1
26135 Oldenburg
Telefon 0441-220-7300
Telefax 0441-220-7309
info@landesmuseum-ol.de
www.landesmuseum-ol.de

Autoren
Dr. Siegfried Müller
Dr. Michael Reinbold
Natalja Salnikova, M.A.
Gerd Siekmann
Dr. Corinna Wodarz

Grafische Gestaltung
Anna Wess (Michael Imhof Verlag)

Druck und Bindung:
Druckerei Rindt GmbH & Co. KG, Fulda

Die Deutsche Nationalbibliothek verzeichnet diese Publikation in der Deutschen Nationalbiografie;
Detaillierte bibliografische Daten sind im Internet über http://dnb.d-nb.de abrufbar.

© 2015 Landesmuseum für Kunst und Kulturgeschichte Oldenburg, Künstler, Autoren und
Michael Imhof Verlag GmbH & Co. KG
Stettiner Straße 25, D-36100 Petersberg
Tel.: 0661/2919166-0 | Fax: 0661/2919166-9
www.imhof-verlag.com | info@imhof-verlag.de

Printed in EU
ISBN 978-3-7319-0306-2

Zeittafel 1970–1980

1970

3.3   Erstes innerdeutsches Gipfeltreffen zwischen Bundeskanzler Willy Brandt und dem Vorsitzenden des Ministerrates der DDR Willi Stoph in Erfurt

14.5   Der im Oktober 1968 wegen Kaufhaus-Brandstiftung verurteilte Andreas Baader wird unter Mitwirkung von Ulrike Meinhof befreit. Dabei wird ein Justizbeamter lebensgefährlich verletzt. Die Gewalttat gilt als Geburtsstunde der RAF.

31.7   Einführung des aktiven Wahlalters auf 18 Jahre.

7.12   Unterzeichnung des Warschauer Vertrages, in dem die Bundesrepublik die Oder-Neiße-Linie anerkennt.

1971

31.1.   Der seit 1952 unterbrochene Telefonverkehr zwischen Ost- und West-Berlin wird wieder aufgenommen.

12.2.   Beamte des Bundeskriminalamtes verhaften 13 mutmaßliche Mitglieder der terroristischen Baader-Meinhof-Gruppe.

30.3.   Das erste bundesweite Umweltschutzgesetz tritt in Kraft.

6.6.   374 Frauen aus der Bundesrepublik geben in der Hamburger Illustrierten „stern" bekannt: „Wir haben abgetrieben".

26.8.   Der Bundestag verabschiedet das Bundesausbildungsförderungsgesetz (BAFöG).

10.12.   Bundeskanzler Willy Brandt wird in Oslo mit dem Friedensnobelpreis ausgezeichnet.

1972

28.1.   Die Regierungschefs von Bund und Ländern beschließen den sogenannten Radikalenerlass.

24.5.   Bombenanschlag der RAF auf das europäische Hauptquartier der US-Armee in Heidelberg, drei Soldaten kommen ums Leben.

26.5.   Die Staatssekretäre Egon Bahr und Michael Kohl unterzeichnen in Ost-Berlin einen Verkehrsvertrag zwischen der Bundesrepublik und der DDR.

26.8.–11.9. Die XX. Olympischen Sommerspiele finden in München und Kiel statt.

5./6.9. Mitglieder der arabischen Organisation „Schwarzer September" verüben im Olympischen Dorf in München ein Attentat auf die israelische Olympiamannschaft.

21.12.   Der Bundesminister Egon Bahr und der Staatssekretär der DDR, Michael Kohl unterzeichnen den sogenannten Grundlagenvertrag.

1973

1.5.   In Dortmund wird die „Zentralstelle für die Vergabe von Studienplätzen" (ZVS) eingerichtet.

18.9.   Die Bundesrepublik Deutschland und die DDR werden in die Vereinten Nationen (UNO) aufgenommen.

23.11.   Die Bundesrepublik verhängt einen Anwerbestopp für Gastarbeiter, die nicht aus den EG-Ländern kommen.

25.11.   Im Zuge des Energiesicherungsgesetzes tritt eine Verordnung über Fahrverbote an Sonntagen und über Geschwindigkeitsbegrenzungen in Kraft.

1974

1.1	Nach Beschlüssen Libyens und der Länder des Persischen Golfes vom Dezember 1973 werden die Erdölpreise abermals drastisch erhöht.
22.3.	In der Bundesrepublik wird die Volljährigkeit von 21 auf 18 Jahre herabgesetzt und die Ehemündigkeit der Frauen von 16 auf 18 Jahre heraufgesetzt.
6.5.	Bundeskanzler Willy Brandt tritt im Verlauf der Agentenaffäre um den DDR-Spion Günter Guillaume zurück. Sein Nachfolger wird Helmut Schmidt.
7.7.	Die Mannschaft der Bundesrepublik besiegt in München die Niederlande mit 2:1 und wird Fußballweltmeister.
13.9.	RAF-Häftlinge treten in verschiedenen Haftanstalten der Bundesrepublik in den Hungerstreik.
9.11.	Holger Meins stirbt an den Folgen seines seit September andauernden Hungerstreiks.

1975

25.2.	Eine vom Bundestag beschlossene Reform des Paragraphen 218 wird vom Bundesverfassungsgericht für verfassungswidrig erklärt.
27.2.	Der Vorsitzende der West-Berliner CDU, Peter Lorenz, wird von Terroristen der „Bewegung 2. Juni" entführt.
24.4.	Die deutsche Botschaft in Stockholm wird durch Terroristen des „Kommando Holger Meins" überfallen.
21.5.	In Stuttgart-Stammheim wird der Prozess gegen die führenden Mitglieder der Baader- Meinhof-Gruppe Ulrike Meinhof, Andreas Baader, Jan Carl Raspe und Gudrun Ensslin eröffnet.
1.8.	Nach zweijährigen Verhandlungen in Genf und Helsinki wird die KSZE-Schlussakte (Konferenz über Sicherheit und Zusammenarbeit in Europa) unterzeichnet.
9.10.	In den bundesdeutschen Kinos läuft der Film „Die verlorene Ehre der Katharina Blum" von Volker Schlöndorff und Margarethe von Trotta nach der gleichnamigen Erzählung Heinrich Bölls an.

1976

1.1.	Für Autofahrer wird der Sicherheitsgurt Pflicht.
9.1.	Das Essener Landgericht verurteilt im Zusammenhang mit dem „Bundesligaskandal" neun Fußballspieler wegen Meineids zu Geldstrafen.
12.2.	Der Bundestag verabschiedet ein Reformgesetz zum Paragraphen 218.
14.6.	Nach dem neuen Eherecht werden Scheidungen mit dem Scheitern der Ehe begründet (Zerrüttungsprinzip).
30.10.	Bei Brokdorf kommt es zu Zusammenstößen zwischen der Polizei und rund 400 militanten Kernkraftgegnern.
16.11.	Während einer Tournee des Liedermachers Wolf Biermann durch die Bundesrepublik beschließt das Politbüro der DDR dessen Ausbürgerung.
15.12.	Der Bundestag wählt Helmut Schmidt erneut zum Bundeskanzler einer sozial-liberalen Koalition.

1977

1.2.	Die erste Ausgabe der Zeitschrift „Emma" erscheint.
22.2.	Die Grenzgemeinde Gorleben in Niedersachsen soll Standort einer zentralen Atommüll-Deponie werden.
7.4.	Generalbundesanwalt Siegfried Buback wird in Karlsruhe von RAF-Terroristen erschossen.
30.7.	Der Vorstandsvorsitzende der Dresdner Bank, Jürgen Ponto, wird in bei einem Entführungsversuch von RAF-Terroristen erschossen.
5.9.	Der Präsident der Bundesvereinigung der Deutschen Arbeitgeberverbände (BDA), Hanns Martin Schleyer, wird in Köln von RAF-Terroristen entführt.

19.9. Die deutsche Literaturvereinigung „Gruppe 47" löst sich 30 Jahre nach ihrer Gründung formell auf.

18.10. Die Spezialeinheit des Bundesgrenzschutzes GSG 9 stürmt in Mogadischu eine entführte Lufthansa-Maschine und befreit zahlreiche Geiseln. Am selben Tag begehen die zu lebenslanger Haft verurteilten Terroristen Baader, Ensslin und Raspe in Stuttgart-Stammheim Selbstmord.

19.10. Der am 5. September entführte Hanns Martin Schleyer wird in Mülhausen/Elsass tot aufgefunden.

1978

19.1. Der letzte in Deutschland gefertigte VW-"Käfer" läuft in Emden vom Band.

3.3. In der Bundesrepublik läuft der Film „Deutschland im Herbst" an.

9.3. Die drei Nachrichtendienste der Bundesrepublik - Militärischer Abwehrdienst (MAD), Bundesnachrichtendienst (BND) und Bundesamt für Verfassungsschutz - werden per Gesetz der parlamentarischen Kontrolle unterworfen.

29.3. Das 3. Internationale Russel-Tribunal tagt in Frankfurt/Main. Es werden Menschenrechtsverletzungen in der Bundesrepublik Deutschland angeprangert und die sogenannten Berufsverbote erörtert.

1979

17.1. Die Bundesregierung verabschiedet neue Grundsätze, die sich auf das Verfahren zur Überprüfung der Verfassungstreue im öffentlichen Dienst beziehen. Im Ruhrgebiet wird erstmals in der Bundesrepublik Smogalarm ausgelöst.

22.1. Die Dritten Programme des Deutschen Fernsehens beginnen mit der Ausstrahlung der vierteiligen US-Fernsehserie „Holocaust" über die Verfolgung und den Mord an den Juden in der NS-Zeit.

3.5. In der Bundesrepublik läuft der Film „Die Blechtrommel" von Volker Schlöndorff nach dem Roman von Günter Grass an.

23.5. Karl Carstens (CDU) wird zum fünften Bundespräsidenten der Bundesrepublik Deutschland gewählt.

1980

13.1. Die Partei Die Grünen konstituiert sich auf ihrem Kongress in Karlsruhe als Bundespartei.

6.4. In der Bundesrepublik Deutschland gilt erstmals die Mitteleuropäische Sommerzeit.

14.4. Der Film „Die Blechtrommel" wird mit dem Oscar ausgezeichnet.

5.11. Helmut Schmidt wird erneut zum Bundeskanzler einer sozial-liberalen Koalition gewählt.

24./25.12. Straßenschlachten zwischen Hausbesetzern und der Polizei in West-Berlin.